AF362817

Prevención de riesgos laborales

Personal de oficinas y despachos

Alba Ramírez Soriano

Colección: Guías de prevención de riesgos laborales
Director: David Soler

Guías **PRL**
Prevención de riesgos laborales

Personal de oficinas y despachos

1.ª edición, 2020

© Learnwus SL, 2020
© Ilustraciones: Shutterstock
© de esta edición, ICG Marge, SL

Edita: Marge Books
València, 558 – 08026 Barcelona
Tel. 931 429 486 – marge@margebooks.com
www.margebooks.com

Contenidos y coordinación: Alba Ramírez Soriano
Edición: Núria Gibert
Diseño y composición: Carina Stinga
Compaginación: Mercedes Lara
Impresión: Prodigitalk, SL (Martorell, Barcelona)

ISBN edición impresa: 978-84-17903-48-0
ISBN edición digital: 978-84-17903-49-7
Depósito Legal: B 18117-2020

Índice

La autora — 7

Introducción — 9

Módulo 1
Buenas prácticas en el trabajo — 11

Módulo 2
Pantallas de visualización de datos (PVD) — 45

Módulo 3
Seguridad en el entorno de trabajo — 67

Módulo 4
Otros riesgos del trabajo — 97

Módulo 5
Nueva normalidad por covid-19 — 103

Glosario — 151

La autora

Alba Ramírez Soriano (Barcelona, 1984) es licenciada en multimedia y máster en Educación y Tecnologías de la Información y la Comunicación (TIC) por la Universitat Oberta de Catalunya (UOC). Ha trabajado desde sus inicios en la formación en línea desarrollando contenidos y metodologías punteras en la mejora del aprendizaje y las TIC.

Autora de artículos sobre aprendizaje en internet, salud laboral y gestión del tiempo, actualmente trabaja en su propia empresa Learnwus y ha adaptado su catálogo de cursos de prevención de riesgos laborales en línea Click2prl a manuales didácticos y muy dinámicos que facilitan la comprensión del lector, siempre con el objetivo de reivindicar una mejora en la educación profesional y empresarial, el bienestar emocional y el desarrollo de las personas.

Para más información o seguir a Alba Ramírez en Twitter y Linkedin:
https://learnwus.es/ | @learnwus | albaramirezsoriano

Recursos web

Test de autoevaluación

Afianza tus conocimientos sobre prevención de riesgos laborales.

Con estos test adquirirás seguridad e incrementarás tu nivel de preparación para gestionar correctamente la seguridad y los riesgos laborales en tu puesto de trabajo.

Accede a **www.margebooks.com** y supera los test de autoevaluación. ¡Ahora más fácil que nunca!

Introducción

La salud es tu bien más preciado y la prevención de riesgos laborales, la PRL, va a ser tu mejor aliada. Esta guía de contenidos –acorde con los requisitos de la legislación sobre prevención de riesgos laborales– resume las **claves para mejorar tus conocimientos** y saber qué medidas adoptar ante cada uno de los riesgos de seguridad y salud en el puesto de trabajo.

El objetivo de este manual es conocer y comprender los **riesgos laborales del personal de oficinas y despachos,** aplicar las acciones preventivas o de protección de la salud, así como fomentar comportamientos seguros y la correcta utilización de los utensilios y equipos de trabajo.

La guía incluye un módulo con **información sobre la covid-19** y las necesarias medidas para prevenir contagios, con el fin de evitar la propagación del virus en el puesto de trabajo.

Además de informar sobre cómo se debe desarrollar el trabajo en una oficina para **garantizar tu seguridad y la de terceras personas,** es importante que, si en el ejercicio de esta labor surgen dudas, realices la consulta a tu responsable, quien la derivará al Servicio de Prevención de Riesgos Laborales de tu empresa.

Este libro forma parte de la colección Guías PRL, diseñada para proporcionar **información concisa, práctica y visualmente motivadora** sobre prevención de riesgos laborales en diferentes ámbitos profesionales.

Buenas prácticas en el trabajo

1.1. Introducción y legislación aplicable

1.2. Derechos y obligaciones de los trabajadores

1.3. Actuación en caso de accidente

1.4. Primeros auxilios

1.5. Actuación en caso de emergencia

1.6. Procedimientos de actuación

1.7. Seguridad vial y conducción

1.1. Introducción y legislación aplicable

CONCEPTOS BÁSICOS

SEGURIDAD

La seguridad en tu puesto de trabajo es un **derecho constitucional.**

La Ley 31/1995 de Prevención de Riesgos Laborales establece que las personas trabajadoras deben ser **informadas** y **formadas** sobre los **riesgos derivados de tu trabajo** y la forma de **prevenirlos** y **evitarlos**.

SALUD

La Organización Mundial de la Salud (OMS) define la salud no solo como la ausencia de enfermedad sino como un estado de completo **bienestar físico**, **mental** y **social.**

TRABAJO

Actividad retribuida, física o mental que se realiza por **cuenta ajena** (empresa o empresario).

Un **trabajador** o una **trabajadora** (en adelante, también, los trabajadores) es la persona física que, con la edad legal requerida, presta servicios retribuidos subordinados a otra persona, a una empresa, institución u organización.

RIESGO LABORAL

Posibilidad de que una persona trabajadora sufra un determinado **daño derivado del trabajo.**

ACCIDENTE

Accidente de trabajo es toda **lesión corporal** que sufras con ocasión o por consecuencia del trabajo que ejecutes por cuenta ajena.

RECUERDA

Prevención de riesgos laborales es el **conjunto de actividades** o **medidas** adoptadas o previstas en cada una de las fases de actividad de la empresa con el objetivo de **evitar** o **reducir** los **riesgos derivados del trabajo.**

La **salud** se considera un **derecho fundamental** de la persona.

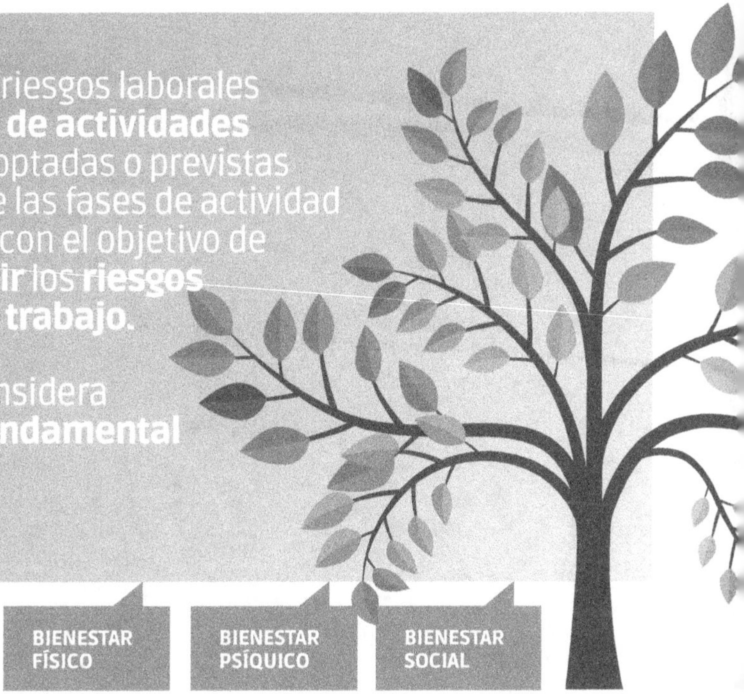

1.2. Derechos y obligaciones de los trabajadores

DERECHOS

DERECHO A LA **INFORMACIÓN**

A recibir **toda la información necesaria** sobre los riesgos de tu puesto de trabajo, las medidas de protección y prevención aplicables y los planes de emergencia.

DERECHO A LA **FORMACIÓN**

A recibir **formación teórica y práctica** en materia preventiva que deberá actualizarse siempre que sea necesario. A conocer los riesgos de tu trabajo, la forma de prevenirlos y qué hacer en caso de emergencia.

DERECHO A **REALIZAR PROPUESTAS**

A **formular propuestas** a la empresa, al comité de salud y seguridad o a los delegados/as de prevención, con el fin de **mejorar la salud y seguridad** (LPRL, art. 18.2).

DERECHO A LA **PARTICIPACIÓN**

A **participar** en todos los aspectos
de la prevención en el trabajo. Si la
empresa cuenta con representantes
de los trabajadores, puedes ejercer
la participación a través de los
delegados/as de prevención (LPRL, art. 34).

DERECHO A **INTERRUMPIR LA ACTIVIDAD**

A **interrumpir la actividad** y a abandonar
el trabajo, cuando consideres que existe un
**riesgo grave e inminente para tu vida o tu
salud**, no pudiendo ser sancionado por ello
salvo que hayas obrado de mala fe o cometido
negligencia grave (LPRL, art. 21).

DERECHO A LA **VIGILANCIA DE LA SALUD**

A la **vigilancia periódica de tu
salud**, en función de los riesgos
inherentes a tu puesto de trabajo, y a la
confidencialidad de la información
relacionada con tu estado de
salud (LPRL, art. 22).

* La LPRL es la Ley 31/1995, de 8 de noviembre,
de prevención de riesgos laborales. Puedes
consultarla en este enlace QR.

1.2. Derechos y obligaciones de los trabajadores

OBLIGACIONES

Velar por el cumplimiento de las medidas de prevención que se adopten.

Utilizar correctamente los **medios y equipos de protección** y los **dispositivos de seguridad** existentes.

Usar de forma adecuada y de acuerdo con las instrucciones recibidas las máquinas, aparatos, herramientas, sustancias peligrosas, equipos de transporte, etcétera.

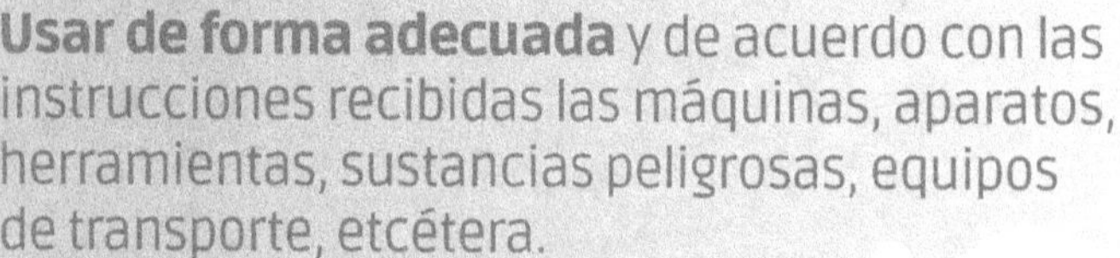

Contribuir al cumplimiento de las obligaciones establecidas por las autoridades competentes.

Informar de inmediato a la persona responsable sobre cualquier situación que pueda **suponer un riesgo** para la seguridad y la salud.

Cada persona trabajadora deberá **velar,** según sus posibilidades, **por su propia seguridad y su salud** y por la de aquellas otras personas a las que pueda afectar su actividad profesional.

SISTEMA DE PREVENCIÓN MANCOMUNADO

El servicio de prevención mancomunado cubre las especialidades preventivas de seguridad en el trabajo, higiene industrial, ergonomía y psicosociología. Integrados en un **sistema de gestión basado y certificado** según la **norma de calidad OHSAS 18001.**

Los **delegados de prevención** son los **representantes de los trabajadores** en materia de prevención de riesgos en el trabajo

1.2. Derechos y obligaciones de los trabajadores

LA DELEGACIÓN DE PREVENCIÓN

La **delegación de prevención** son los **representantes de los trabajadores** con funciones específicas en materia de prevención de riesgos en el trabajo, designados por y entre vuestros representantes (delegados de personal).

Las **responsabilidades derivadas del incumplimiento** pueden ser administrativas, civiles y penales para empresa y las personas que trabajan en ella, y también disciplinaria para estas.

LAS COMPETENCIAS DEL **PERSONAL
DELEGADO DE PREVENCIÓN** SON:

Colaborar con la dirección
de la empresa en la mejora de
la acción preventiva.

Promover y **fomentar la
cooperación** entre el personal
para cumplir con la normativa
sobre prevención de riesgos.

**Ser consultados por la
empresa,** con carácter previo,
en la ejecución de las actividades
preventivas.

Vigilar y controlar el **cumplimiento
de la normativa** de prevención de
riesgos laborales.

1.2. Derechos y obligaciones de los trabajadores

EL COMITÉ DE SEGURIDAD Y SALUD

DEFINICIÓN

Es el órgano encargado de la **consulta regular y periódica de las actuaciones de la empresa en materia de prevención de riesgos.** Está formado por los representantes de la empresa, y en igual número por los delegados de prevención.

La constitución de este comité es obligatoria en todas las empresas o centros de trabajo que cuenten con **50 o más trabajadores.**

El comité se reúne **trimestralmente** para tratar los diferentes temas en **materia de prevención de riesgos laborales.**

1.3. Actuación en caso de accidente

LA CADENA DE AYUDA: EL PROTOCOLO PAS

1º PROTEGER → **2º AVISAR** → **3º SOCORRER**

PROTEGER

Comprueba y **haz segura** la zona del accidente.

Si no hay más peligros, deja a la víctima
en la posición en la que la has encontrado.

AVISAR

Comunica el accidente al **teléfono 24h**
del centro de atención médica que
encontrarás indicado en el panel
de anuncios en tu centro de trabajo.

Nunca dejes solo al accidentado.
Quédate a su lado. **Tranquilízale.**

Si lo necesitas, **pide ayuda**
a alguien de tu equipo de trabajo.

SOCORRER

Es el momento de atender las **heridas** y **lesiones** de la persona
accidentada. Actúa de forma rápida y segura siguiendo
la **cadena de ayuda.**

RECONOCIMIENTO DE SIGNOS VITALES	A. **CONCIENCIA**
	B. **RESPIRACIÓN**
	C. **PULSO**

Los signos vitales revelan las **funciones
básicas del organismo.**

PRIMEROS AUXILIOS: DEFINICIÓN

Son los cuidados **inmediatos**, **adecuados**
y **provisionales** realizados a la persona
herida, hasta que sea atendida por los
servicios médicos.

Cualquier centro de trabajo debe
disponer de un **botiquín de urgencias**
bien señalizado y accesible.

Si se actúa de **forma incorrecta** se
puede **empeorar** la situación.

1.4. Primeros auxilios

HERIDAS

Una herida es una pérdida de la integridad de los tejidos blandos. Son producidas por **agentes externos, como un cuchillo, o internos,** como un **hueso fracturado.**

Las **heridas abiertas** provocan que el organismo **pierda sangre** y otros fluidos y permiten la **entrada de gérmenes.**

TUS **PRIORIDADES** SON LAS SIGUIENTES:

EVALUAR EL ESTADO DE LA VÍCTIMA	TRANQUILÍZALA	RESPETAR LAS MEDIDAS HIGIÉNICAS	CONTROLAR LA PÉRDIDA DE SANGRE

HERIDAS LEVES: TRATAMIENTO

Límpiate las manos a fondo y ponte guantes de un solo uso.

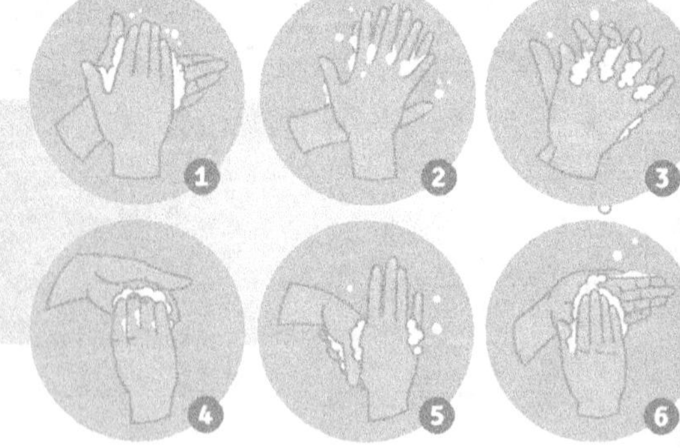

Si la herida está sucia **lávala** ligeramente bajo agua corriente. **Sécala** dándole toques ligeros con una gasa. **Cubre** la herida con una gasa estéril.

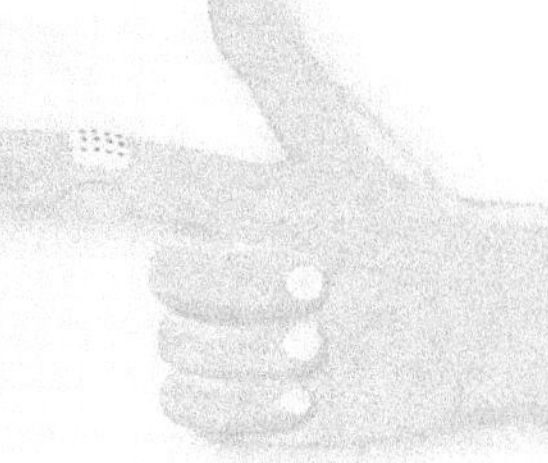

Eleva la zona lesionada **por encima del nivel del corazón,** si es posible. Evita tocar la herida directamente.

Limpia la zona de alrededor con agua y jabón. Retira la gasa y aplica un **apósito adhesivo.** Tu objetivo debe ser el de **reducir el riesgo de infección.**

HEMORRAGIA GRAVE

Existen **tres tipos** de hemorragias según el tipo de vaso sanguíneo afectado: **arterial, venosa, capilar.**

Una **hemorragia grave** puede llegar a provocar una **parada cardíaca.**

TUS **PRIORIDADES** SON LAS SIGUIENTES:

CONTROLAR LA HEMORRAGIA	PREVENIR Y REDUCIR LOS EFECTOS DEL CHOQUE	REDUCIR LA INFECCIÓN	CONSEGUIR EL TRASLADO URGENTE AL HOSPITAL

1.4. Primeros auxilios

ACTUACIÓN EN CASO DE HEMORRAGIA GRAVE

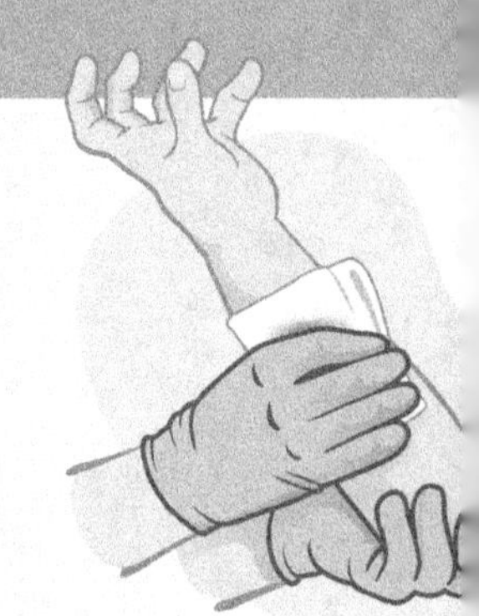

1. Ponte **guantes de un solo uso** (si dispones de ellos). En caso necesario, quita o corta la ropa para alcanzar la herida.

2. Haz **presión directa** sobre la herida con los dedos o la palma de la mano. Utiliza un **apósito estéril** o un **trapo limpio.** Puedes pedirle a la víctima que presione ella misma.

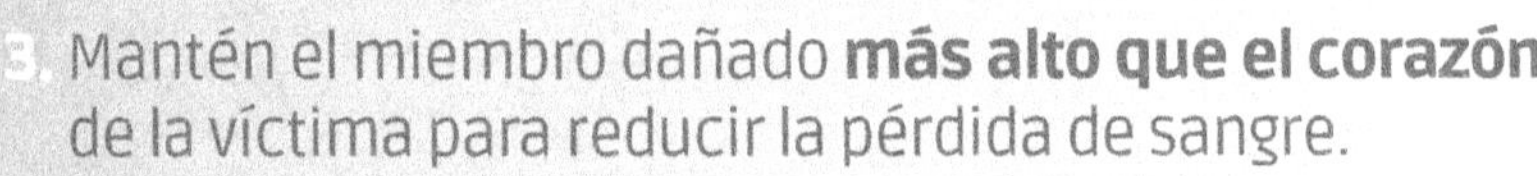

3. Mantén el miembro dañado **más alto que el corazón** de la víctima para reducir la pérdida de sangre.

4. **Tiende** a la víctima **sobre una manta** (si dispones de una) para protegerla del frío.

5. Asegura el apósito con una venda que **mantenga la presión** pero sin impedir la circulación sanguínea.

6. Si la hemorragia continúa, **cubre la primera venda con otra**. Comprueba que estás haciendo presión en el punto adecuado de la hemorragia.

7. **No permitas** que la víctima **coma, beba** o **fume.**

QUEMADURAS

Una quemadura es una **lesión de los tejidos** producida por contacto térmico, químico o físico, que provoca **destrucción celular**, **edema** (inflamación) y **pérdida de líquidos** por destrucción de los vasos sanguíneos.

La **prioridad** es refrescar rápidamente la herida y comprobar la respiración.

CAUSAS

Líquidos hirviendo o en llamas.
Luz solar.
Fuego directo.
Sólidos incandescentes.
Vapores y gases.
Productos químicos.
Radiaciones.
Electricidad.

1.4. Primeros auxilios

ACTUACIÓN EN CASOS DE QUEMADURA GRAVE

1. Ayuda a la víctima a **echarse.** Intenta **evitar** que la **herida toque el suelo.**

2. **Moja** la herida sin escatimar agua al menos durante **10 minutos.** Sigue refrescando la herida hasta que se reduzca el dolor.

3. Utiliza **guantes** de un solo uso (si dispones de ellos). Retira la ropa impregnada. **Cortar, no desvestir.** No despegues nada de la piel.

4. **Cubre** la zona afectada con **apósito estéril** para evitar infecciones. Puedes utilizar un pañuelo o una sábana.

5. Controla los **signos vitales:** nivel de consciencia, respiración y pulso.

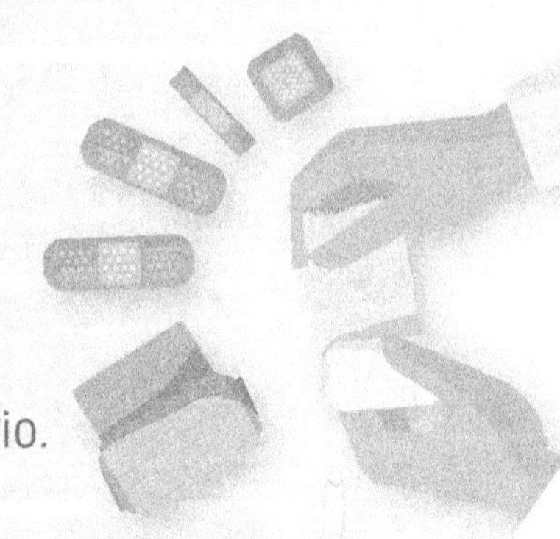

6. En espera de ayuda, **tranquiliza** a la víctima y trata el choque si es necesario.

7. **No toques** ni actúes de ninguna manera sobre la **zona quemada.** No revientes las **ampollas.** No apliques lociones, pomadas o grasa, ni pongas esparadrapo en la zona quemada.

RECOMENDACIONES GENERALES

Antes de actuar, intenta **controlar tus emociones** y dedica unos instantes a pensar.

Si no eres socorrista, las cosas que puedes hacer son **pocas** pero **muy importantes.**

No te expongas al **riesgo.**

Sé consciente de tus **capacidades.**

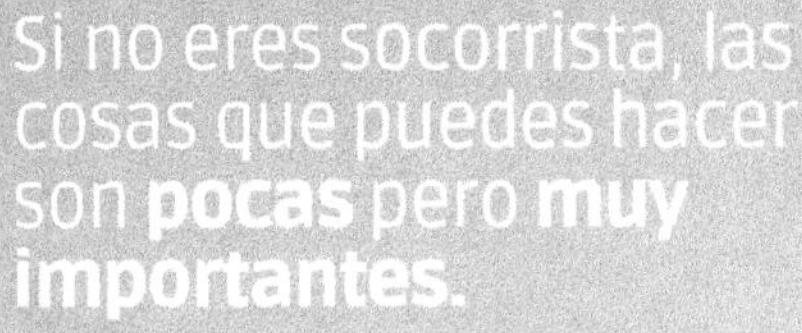

1.5. Actuación en caso de emergencia

DETECCIÓN Y ALARMA

Debes seguir las instrucciones indicadas en el **plan de emergencia del centro** y en el **documento medidas de actuación** en caso de emergencias que encontrarás en tu lugar de trabajo.

ACTITUD ANTE UNA EMERGENCIA

Las emergencias son situaciones en las que debes **mantener la calma** y **recordar el procedimiento a seguir.**

DEBES RECORDAR ESTAS SEÑALIZACIONES:

SALVAMENTO

Aspecto: Pictograma blanco sobre fondo verde.
Significado: Señal de salvamento o auxilio.

SALIDA

TELÉFONO DE EMERGENCIA

VÍA DE EVACUACIÓN

PUNTO DE ENCUENTRO

SALIDA DE EMERGENCIA

SALIDA

CONTRA INCENDIOS

Aspecto: Pictograma blanco sobre fondo rojo.

Significado: Señal relativa a los equipos de lucha contra incendios.

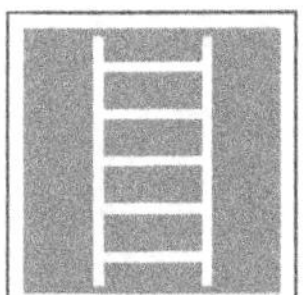

ESCALERA DE INCENDIO

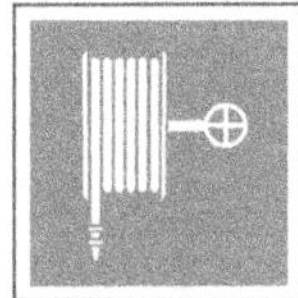

MANGUERA PARA INCENDIOS

DIRECCIÓN EQUIPO CONTRA INCENDIOS

PULSADOR ALARMA

TELÉFONO LUCHA CONTRA INCENDIOS

EXTINTOR

1.5. Actuación en caso de emergencia

INCENDIOS, EVACUACIÓN Y MEDIOS DE LUCHA

EXTINTORES PORTÁTILES

Los extintores de incendios son **aparatos portátiles** que contienen un **agente extintor** que puede ser proyectado sobre un fuego por la acción de una presión interior.

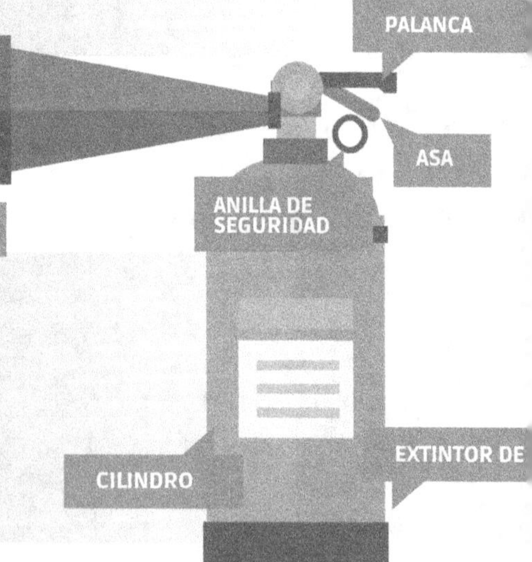

La **etiqueta** debe indicar las características del agente extintor que contiene y el tipo de fuegos en el que puede ser utilizado.

Utiliza el extintor **adecuado en cada caso,** contra fuegos pequeños e incipientes.

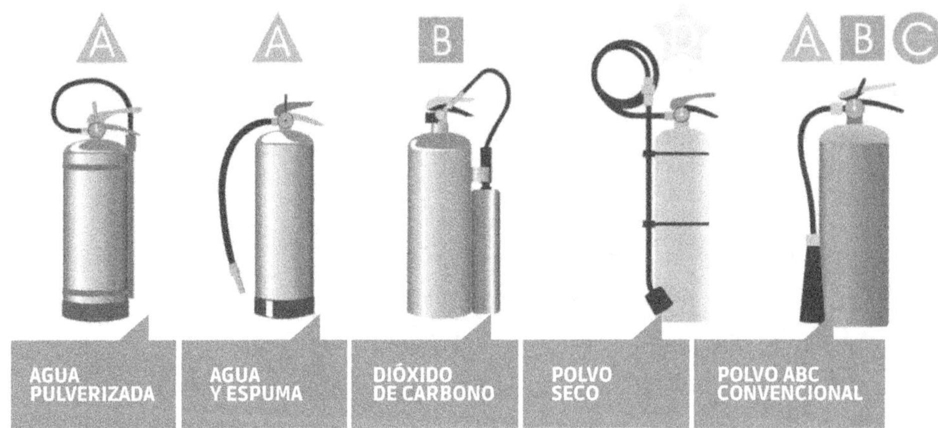

USO DE EXTINTORES PORTÁTILES

Paso 1

Descuelga el extintor **sin invertirlo,** sujetándolo por la maneta fija y colocándolo sobre el suelo en posición vertical. **Comprueba la presión.**

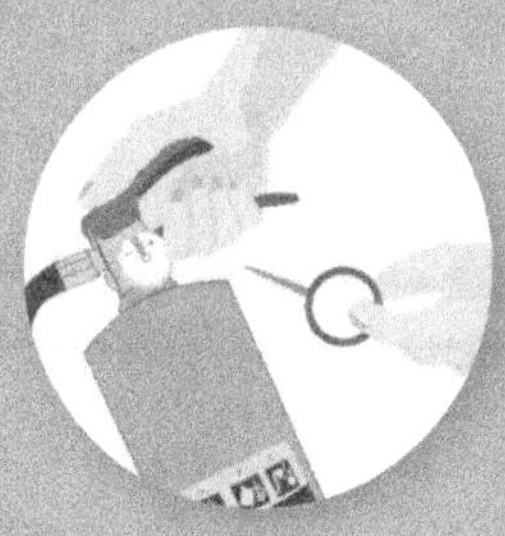

Paso 2

Sujeta la boquilla de la manguera del extintor, rompe el precinto y retira el **pasador de seguridad.**

Paso 3

Presiona la palanca de la cabeza del extintor realizando una pequeña descarga de prueba **hacia el suelo.**

Paso 4

Dirige el chorro del agente extintor a la **base de las llamas** con un movimiento de barrido, aproximándote lentamente al fuego hasta **un máximo de un metro.**

1.5. Actuación en caso de emergencia

RIESGO DE INCENDIOS • ACTUACIÓN

1. **Identifica** la zona de seguridad del recinto y **desplázate** hacia ella (punto de encuentro).

2. **Cierra las puertas** a tu paso para evitar la propagación del fuego.

3. No uses los **ascensores.**

4. No corras
por las escaleras.

5. Si el lugar se encuentra invadido
por humo, **agáchate** y **gatea.**

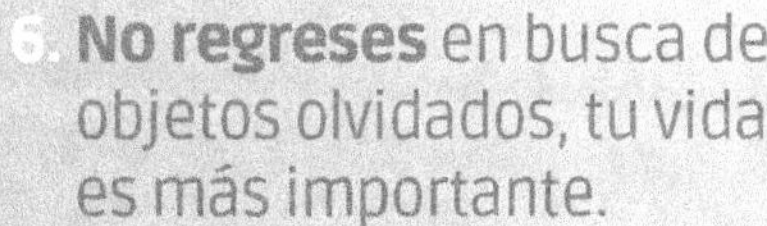

6. No regreses en busca de
objetos olvidados, tu vida
es más importante.

1.6. Procedimientos de actuación

SIGUE LOS PROCEDIMIENTOS ESTIPULADOS

Toda persona **trabajadora accidentada** debe **informar a su superior/a** antes de ir a la mutua de accidentes para que rellene el volante de asistencias.

Toda **trabajadora embarazada** debe comunicarlo a su responsable con el fin de adaptar su puesto de trabajo a la situación.

Esta puede pedir el **trámite de prestación de riesgo de embarazo.**

La compañía dispone de un **documento de comunicado de riesgo**, con el que el personal puede explicar una situación de riesgos en su centro de trabajo. Pídelo al responsable de tu centro o mediante la extranet.

1.7. Seguridad vial y conducción

RECOMENDACIONES GENERALES

Ya seas **viandante, conduzcas un vehículo** o **uses el transporte colectivo,** existe el **riesgo de sufrir un accidente** durante tus desplazamientos.

El **70 %** de los accidentes laborales de tráfico se producen en el **trayecto de casa al trabajo.**

ACCIDENTES *IN ITINERE*

Es el accidente que se produce cuando una persona se dirige **desde casa al trabajo** o **desde el trabajo a casa** por el **trayecto habitual.**

ACCIDENTES *IN MISIO*

Es el accidente sufrido por una persona **en el trayecto que tenga que realizar para el cumplimiento de su trabajo,** dentro de su jornada laboral.

1.7. Seguridad vial y conducción

MEDIDAS PREVENTIVAS PARA PEATONES

Haz caso del color del **semáforo;** cruza solo cuando esté en **verde.**

Sigue las **indicaciones** de los agentes y **respeta** las **señales de tráfico.**

Camina por las **aceras** y elige el trayecto **más seguro,** zonas bien iluminadas y sin desniveles.

Mira a izquierda y derecha antes de **cruzar** la calzada.

Atraviesa las calles por los **pasos señalizados** para peatones.

Haz uso de **calzado con suela plana** y cómodo, bien sujeto al pie. **Evita usar el móvil** mientras caminas por la calle.

Al usar transporte público agárrate a las **barandillas. Sube y baja con precaución.**

MEDIDAS PREVENTIVAS PARA CONDUCTORES

Mantén el vehículo en **buen estado,** revisa especialmente los puntos clave para la seguridad.

Utiliza los equipos de seguridad:
casco o **cinturón de seguridad.**

No conduzcas si has bebido **alcohol** o sientes **somnolencia.**

Respeta todas las normas y señales de tráfico.

Mantén siempre la **distancia de seguridad.**

Si te encuentras en un **atasco,** ten paciencia.

Avisa con **antelación suficiente** sobre las maniobras que vas a realizar.

No te distraigas mientras conduces.

A **100 km por hora**, tu vehículo recorre casi **28 metros cada segundo** que no estás mirando a la carretera.

BLOC DE NOTAS

Resumen

**Buenas prácticas
en el trabajo**

Módulo 1. Resumen

PRIMEROS AUXILIOS

LA CADENA DE AYUDA: EL PROTOCOLO PAS

1º PROTEGER ⟩ **2º AVISAR** ⟩ **3º SOCORRER**

RECOMENDACIONES GENERALES

Antes de actuar, intenta **controlar tus emociones** y dedica unos instantes a pensar.

Si no eres socorrista, las cosas que puedes hacer son pocas **pero muy importantes.**

No te expongas al riesgo.

Sé consciente de tus **capacidades.**

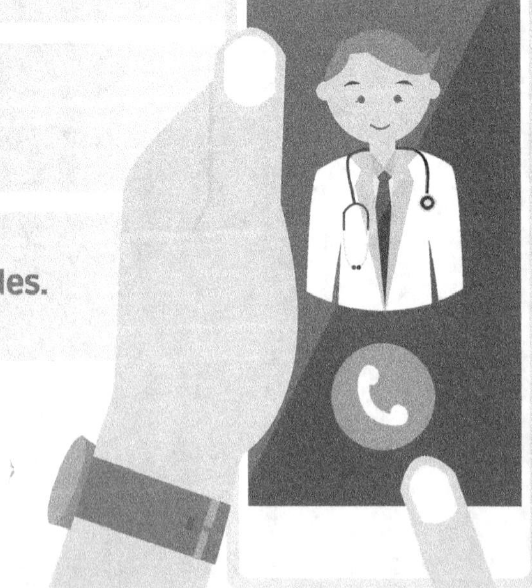

INCENDIOS, EVACUACIÓN Y MEDIOS DE LUCHA

Identifica la zona de seguridad del recinto y desplázate hacia ella (punto de encuentro).

No uses los ascensores.

Cierra las puertas a tu paso para evitar la propagación del fuego.

No corras por las escaleras.

Si el lugar se encuentra invadido por humo, agáchate y gatea.

Pantallas de visualización de datos (PVD)

2.1. **Elementos del puesto de trabajo**

2.2. **Usuario PVD**

2.3. **Fatiga visual (riesgos y medidas preventivas)**

2.4. **Trastornos musculoesqueléticos (riesgos y medidas preventivas)**

2.5. **Postura de trabajo. Cómo sentarse correctamente**

2.6. **Fatiga mental**

2.1. Elementos del puesto de trabajo

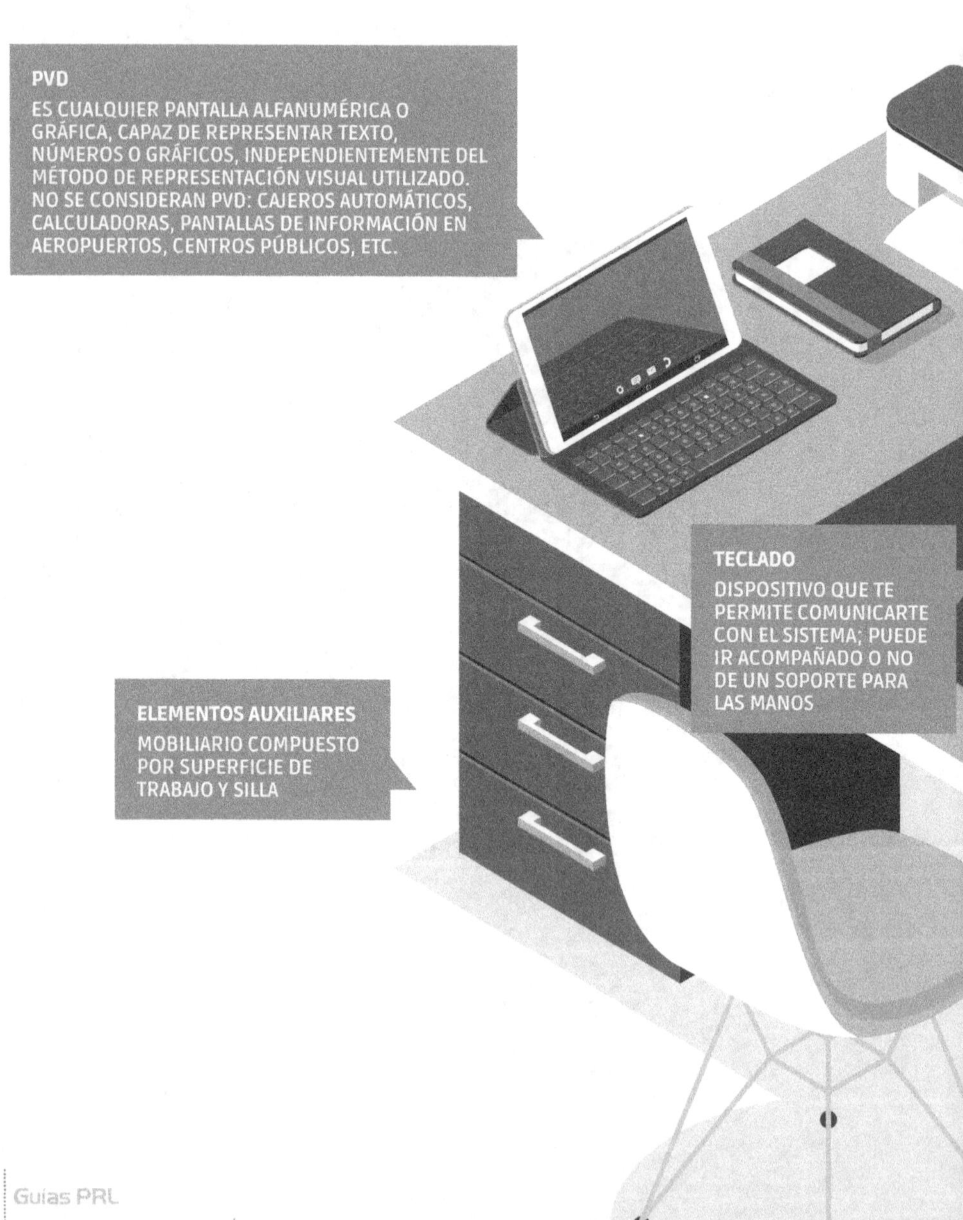

PANTALLA
ES UNO DE LOS ELEMENTOS
FUNDAMENTALES EN EL
TRABAJO CON COMPUTADORAS.
SU CALIDAD ES BÁSICA PARA
DISPONER DE UN PUESTO DE
TRABAJO SIN RIESGOS

CPU
TORRE DONDE SE ALOJAN EL DISCO
DURO, LA MEMORIA RAM Y EL RESTO DE
LOS COMPONENTES QUE CONSTITUYEN
LA COMPUTADORA

RATÓN
DISPOSITIVO DE POSICIONAMIENTO
INFORMÁTICO QUE PERMITE SITUAR
EL CURSOR EN LA PANTALLA. DEBE
DESLIZARSE CON FACILIDAD POR LA
SUPERFICIE DE TRABAJO

2.2. Usuario PVD

Para que una persona se considere usuaria de PVD debe superar las 4 horas diarias o 20 horas semanales de trabajo efectivo con PVD.

También se consideran personas usuarias aquellas
que dependen de un equipo PVD para hacer su trabajo,
aquellas que necesitan formación o experiencia en el
uso del equipo y las que utilizan el equipo diariamente
durante períodos continuos de más de una hora.

2.3. Fatiga visual

RIESGOS

> El riesgo de fatiga visual es una de las **alteraciones de la salud** más importantes y habituales en los trabajadores de PVD. Se produce por un uso **prolongado** e **intenso de la vista**.

TRASTORNOS OCULARES

- Sensación de **tensión en los ojos.**
- **Pesadez** de ojos.
- **Picores** y quemazón.
- Necesidad de **frotarse los ojos.**
- Lagrimeo. Ojos secos.
- **Enrojecimiento** de la conjuntiva.

TRASTORNOS VISUALES

- Borrosidad de los caracteres que se tienen que percibir en la pantalla.
- Dificultad **para enfocar** objetos.
- Imágenes desenfocadas o dobles.
- **Fotofobia** (molestia ocular ante la presencia de luz brillante).

TRASTORNOS EXTRAOCULARES

- **Cefaleas.**
- **Vértigos o mareos** por trastornos de la visión.
- Sensaciones de desasosiego y **ansiedad.**
- **Molestias en la nuca** y en la **columna vertebral** debido a una distancia excesiva desde el ojo al texto que se debe leer.

2.3. Fatiga visual

MEDIDAS PREVENTIVAS

El tamaño de la pantalla **debe permitir la realización de la tarea** para la que ha sido pensada.

La distancia entre la pantalla y tus ojos no debe ser inferior a 40 cm, ni superior a 90 cm.

Con la parte inferior de la espalda bien apoyada en el respaldo de la silla y los pies apoyados en el suelo, la **parte superior del monitor debe quedarte a la altura de los ojos** o un poco por debajo, cuando mires en línea recta hacia la pantalla.

La zona recomendada de visión es el espacio comprendido entre la línea de visión horizontal y la trazada **a 60° bajo esta línea.**

La pantalla debe ser orientable e inclinable para reducir el **esfuerzo visual involuntario** para enfocar (acomodación del ojo) y evitar los reflejos.

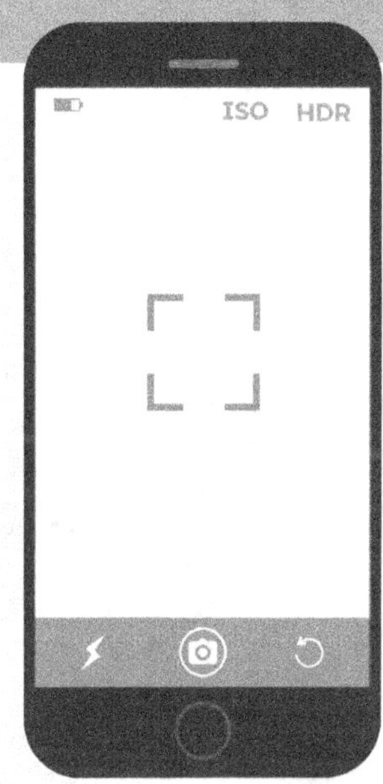

Debes poder ajustar fácilmente la **luminosidad y el contraste** entre los caracteres y el fondo de la pantalla y adaptarlos a las condiciones del entorno.

La imagen de la pantalla **debe ser estable,** sin destellos, centelleos u otras formas de inestabilidad.

Utiliza portadocumentos si **alternas frecuentemente** la visualización de la pantalla con la lectura de documentos impresos.

Comprueba que la luz del entorno sea la correcta, de manera que **no produzca deslumbramientos** ni existan reflejos molestos en la pantalla.

2.4. Trastornos musculoesqueléticos

RIESGOS

LESIONES MUSCULOESQUELÉTICAS (LME)

Las **LME** son lesiones que pueden afectar a los músculos, los tendones, los nervios, los huesos y las articulaciones.

El síntoma más destacado es el **dolor,** asociado a la **inflamación,** pérdida de fuerzas y dificultad o imposibilidad para realizar determinados movimientos.

Suelen ser de **carácter crónico** desarrollándose durante largos períodos de malestar y dolor.

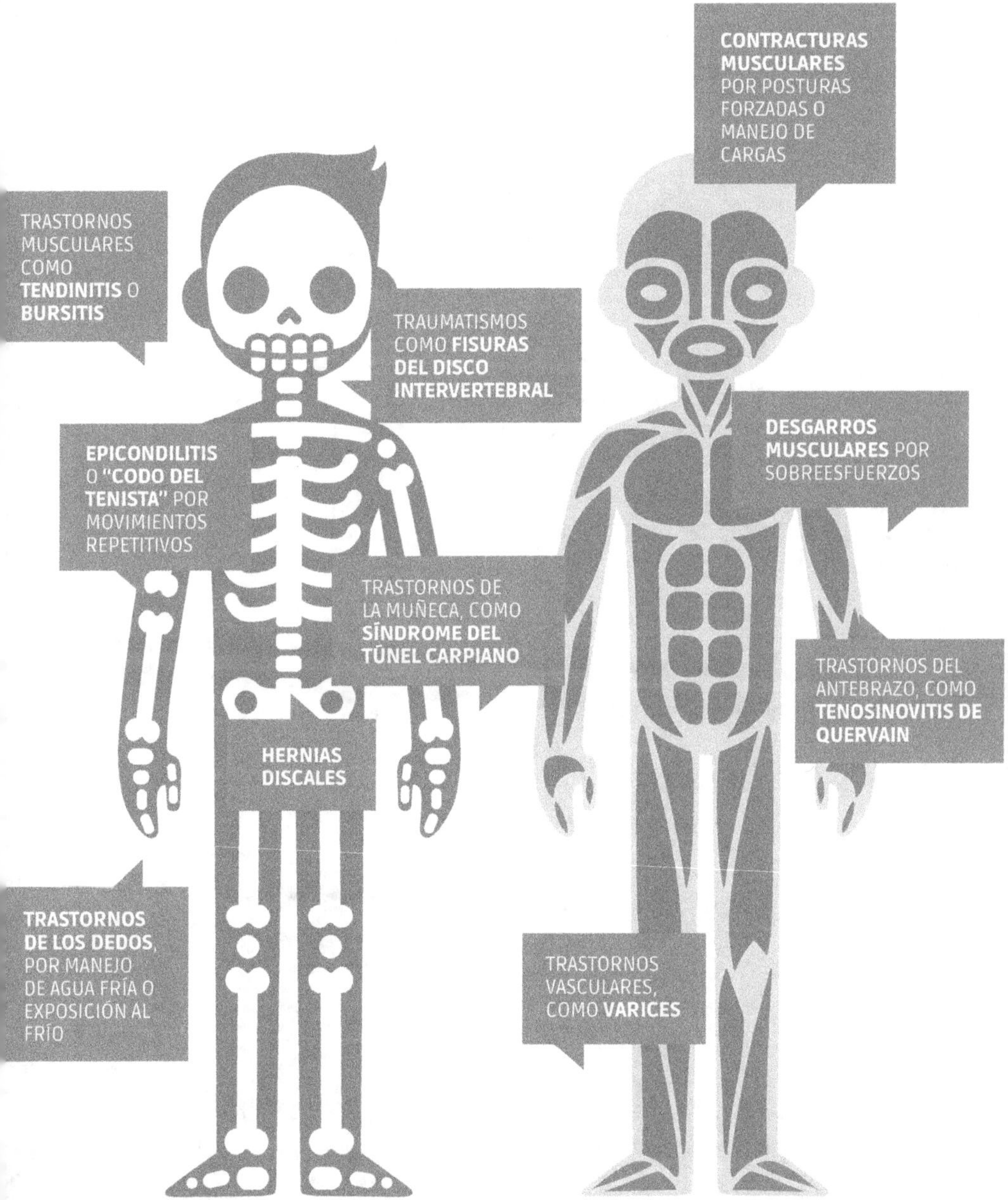

TRASTORNOS
MUSCULARES
COMO
TENDINITIS O
BURSITIS

TRAUMATISMOS
COMO **FISURAS
DEL DISCO
INTERVERTEBRAL**

EPICONDILITIS
O **"CODO DEL
TENISTA"** POR
MOVIMIENTOS
REPETITIVOS

TRASTORNOS DE
LA MUÑECA, COMO
**SÍNDROME DEL
TÚNEL CARPIANO**

HERNIAS
DISCALES

**TRASTORNOS
DE LOS DEDOS**,
POR MANEJO
DE AGUA FRÍA O
EXPOSICIÓN AL
FRÍO

**CONTRACTURAS
MUSCULARES**
POR POSTURAS
FORZADAS O
MANEJO DE
CARGAS

**DESGARROS
MUSCULARES** POR
SOBREESFUERZOS

TRASTORNOS DEL
ANTEBRAZO, COMO
**TENOSINOVITIS DE
QUERVAIN**

TRASTORNOS
VASCULARES,
COMO **VARICES**

2.4. Trastornos musculoesqueléticos

MEDIDAS PREVENTIVAS

En tu puesto de trabajo debes disponer del **espacio necesario para moverte** con comodidad, procurando dejar más de un metro (al menos 115 cm) libre detrás de la mesa.

Debajo del tablero debes tener **espacio suficiente** para situar las piernas y cambiar de postura con facilidad.

Coloca el monitor frente a ti o, en todo caso, **dentro de un ángulo de 120° en plano horizontal,** de manera que no necesites girar repetidamente el tronco o la cabeza para visualizarlo.

Una buena silla debe proporcionar soporte estable al cuerpo, favorecer una buena postura y permitir cierta libertad de movimientos.

El teclado debe ser **independiente** del resto del equipo para ubicarlo de acuerdo con tus cambios de postura.

El espacio entre el borde de la mesa y el teclado debe ser, como mínimo, de unos 10 cm para que puedas apoyar las muñecas y teclear con facilidad.

La superficie sobre la que descansa el ratón debe permitir su **libre movimiento durante el trabajo,** aunque presentando alguna resistencia.

Utiliza un **reposapiés** cuando **no puedas apoyar firmemente** los pies en el suelo, o si notas presión del borde delantero del asiento sobre los muslos.

2.5. Postura de trabajo. Cómo sentarse correctamente

RECUERDA

Cambia con frecuencia de posición y realiza pausas periódicamente, para evitar la fatiga.

EL BORDE SUPERIOR DEL MONITOR DEBE ESTAR AL NIVEL DE LOS OJOS
EL RATÓN Y LOS DISPOSITIVOS DE ENTRADA DEBEN SITUARSE CERCA DEL TECLADO
LAS PIERNAS Y LOS MUSLOS DEBEN SITUARSE A 90º O UN POCO MÁS
LOS PIES DEBEN ESTAR PEGADOS AL SUELO O SOBRE EL REPOSAPIÉS

2.6. Fatiga mental

Los expertos definen la fatiga mental como **"una disminución temporal de la eficiencia funcional mental"**.

Se produce por un **esfuerzo intelectual o mental excesivo.** Es decir, cuando las tareas diarias (esfuerzo requerido, ritmo de trabajo, nivel de atención, tensión emocional, etc.) **superan nuestra capacidad de respuesta.**

TRASTORNOS NEUROVEGETATIVOS Y ALTERACIONES PSICOSOMÁTICAS

- Cefaleas (dolores de cabeza).
- Palpitaciones.
- Mareos.
- Temblores.
- Hipersudoración.
- Trastornos digestivos (diarreas, estreñimiento, etc.).
- Nerviosismo, etc.

PERTURBACIONES PSÍQUICAS

- Ansiedad.
- Irritabilidad.
- Estados depresivos.
- Cambios de humor.
- Aislamiento.
- Disminución de la atención y concentración.
- Menor capacidad de retener información.

TRASTORNOS DEL SUEÑO

- Pesadillas
- Insomnio.
- Sueño agitado, etc.

BLOC DE NOTAS

Resumen
Pantallas de visualización de datos (PVD)

Módulo 2. **Resumen**

Para que una persona se considere usuaria de PVD debe superar las 4 horas diarias o 20 horas semanales de trabajo efectivo con PVD.

El riesgo de fatiga visual es una de las **alteraciones de la salud** más importantes y habituales en los trabajadores de PVD. Se produce por un uso **prolongado** e **intenso de la vista.**

Los expertos definen la fatiga mental como **"una disminución temporal de la eficiencia funcional mental".**

Se produce por un **esfuerzo intelectual** o **mental excesivo.** Es decir, cuando las tareas diarias (esfuerzo requerido, ritmo de trabajo, nivel de atención, tensión emocional, etc.) **superan nuestra capacidad de respuesta.**

LESIONES MUSCULOESQUELÉTICAS (LME)

Procura alternar tareas de diferente actividad muscular.

Realiza ejercicios de estiramiento.

Para trasladar equipos o material de grandes dimensiones, hazlo con la ayuda de un compañero/a, realizando los movimientos de manera coordinada.

No intentes cargar con más peso del que puedas manipular.

Utiliza carros de transporte aunque sean distancias cortas.

Seguridad en el entorno de trabajo

3.1. **Iluminación**

3.2. **Colores del entorno**

3.3. **Confort térmico**

3.4. **Confort acústico**

3.5. **Riesgo de caídas**

3.6. **Caída de objetos**

3.7. **Cortes y pinchazos**

3.8. **Riesgo eléctrico**

3.9. **Puertas**

3.10. **Sobreesfuerzos y manejo manual de cargas**

3.1. Iluminación

Las tareas de oficina exigen altos requerimientos visuales en las que las condiciones de iluminación son muy importantes para prevenir molestias y problemas visuales.

Se debe dotar a los puestos de trabajo de la máxima luz natural.

El trabajo con pantallas de visualización requiere una iluminación no demasiado brillante para evitar molestias visuales y deslumbramientos que obligarían a adoptar posturas forzadas.

LUZ NATURAL

Las ventanas proporcionan **luz natural de muy buena calidad** que además evitan la sensación de claustrofobia.

Permiten mirar a lo lejos **evitando la fatiga visual**, aunque deben ir equipadas con un **dispositivo de cobertura** adecuado y **regulable** para atenuar la luz del día que ilumine el puesto de trabajo.

El puesto de trabajo debe estar orientado de manera que las ventanas queden situadas **lateralmente.**

3.1. Iluminación

LUZ ARTIFICIAL GENERAL

Está formada por lámparas, focos, fluorescentes, etc.

Para puestos de trabajo con PVD es recomendable utilizar **luz artificial general.**

Las lámparas **no deben situarse justo encima del puesto** y deben estar **provistas de difusores** para conseguir una distribución de la luz más uniforme. Además, deben estar apantalladas, para no **producir deslumbramientos,** ni **reflejos** molestos en la pantalla.

Las fuentes de luz deben colocarse **paralelas a la pantalla**.

LUZ ARTIFICAL DE SOPORTE

Está formada por flexos, puntos de luz y otros.

Este tipo de luz no debe provocar reflejos en la pantalla.

Su función es la de **alumbrar los documentos**
y no el puesto de trabajo con PVD.

3.2. Colores del entorno

El entorno de los puestos de trabajo con pantallas debe ser de colores claros (pasteles) y superficies mates. Para trabajos monótonos es recomendable aplicar colores estimulantes.

Temperatura: **Frío - Neutro**

Efecto psicológico: **Relajación - Reposo**

Temperatura: **Cálido**

Efecto psicológico: **Estimulante - Excitante**

Temperatura: **Muy caliente**

Efecto psicológico: **Excitante - Inquietud**

Temperatura: **Frío**

Efecto psicológico: **Excitante - Agitación**

3.3. Confort térmico

El **aire interior** de un edificio debe tener unas características de temperatura y humedad adecuadas para el trabajo. La temperatura de confort es recomendable que se mantenga entre los siguientes rangos (según las normas ISO 7730 y EN-27730):

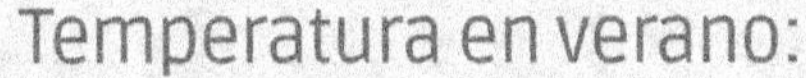

Temperatura en verano:

de 23 a 26 ºC

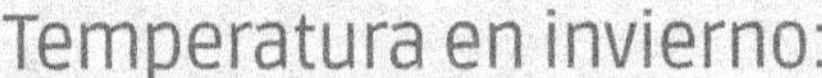

Temperatura en invierno:

de 20 a 24 ºC

Los equipos de climatización deben proporcionar confort térmico y una buena calidad de aire.

Velocidad del aire:

menor o igual a 0,15 m/s

Humedad relativa:

entre el 45 y el 65 %

3.4. Confort acústico

Generalmente, el ruido en las oficinas se produce a causa de los equipos informáticos, el aire acondicionado, los teléfonos, las conversaciones, etc.

Las **fuentes de ruido** incluyen teclados, impresoras, fotocopiadoras, teléfonos, escáneres y voces humanas, además de música ambiental, equipos de aire y ruido del exterior.

El nivel de ruido debe estar comprendido **entre los 50 y los 60 decibelios.**

MEDIDAS PREVENTIVAS

Es posible reducir el nivel de ruido adoptando las siguientes medidas:

- Utilizar **absorbentes de ruido** en techos, paredes y suelos.

- Usar **separadores** y **mamparas** para dividir el espacio de trabajo.

- **Aislando** las fuentes del ruido.

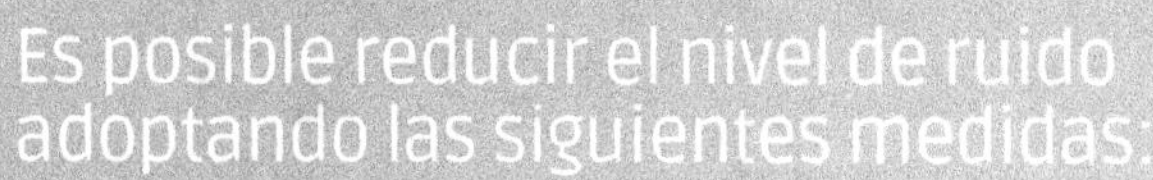

dB   110 dB   120 dB   130 dB   140 dB

3.5. Riesgo de caídas

RECOMENDACIONES GENERALES

Una **caída** puede provocarte **heridas**, **torceduras**, **golpes**, **esguinces** y **fracturas de huesos.**

CAUSAS

- Superficies deslizantes o irregulares.
- Grietas, baldosas rotas.
- Obstáculos en zonas de paso.
- Cables.

CAÍDAS A DISTINTO NIVEL

Un **mal uso** de las **escaleras** puede provocarte una **caída a distinto nivel.**

Utiliza medios adecuados para **acceder** a **zonas elevadas.**

El **riesgo** es **mayor** si las escaleras están **mojadas** o **resbaladizas.**

Nunca te subas en **elementos** que sean **inestables**, como sillas giratorias, mesas, cajas o papeleras.

ESCALERAS PORTÁTILES

Utiliza **escaleras adecuadas** a la tarea y que se encuentren
en **perfectas condiciones de uso.**

Revisa periódicamente el estado de
las escaleras portátiles.

Comunica cualquier
desperfecto al responsable
de mantenimiento.

Apoya la escalera **lejos de
lugares de paso,** puertas,
etcétera.

Desplaza la escalera las
veces que sea necesario
para acceder con comodidad
a cada zona.

Sube y baja de frente a la
escalera, nunca de espaldas.

No transportes cajas al utilizar la escalera.

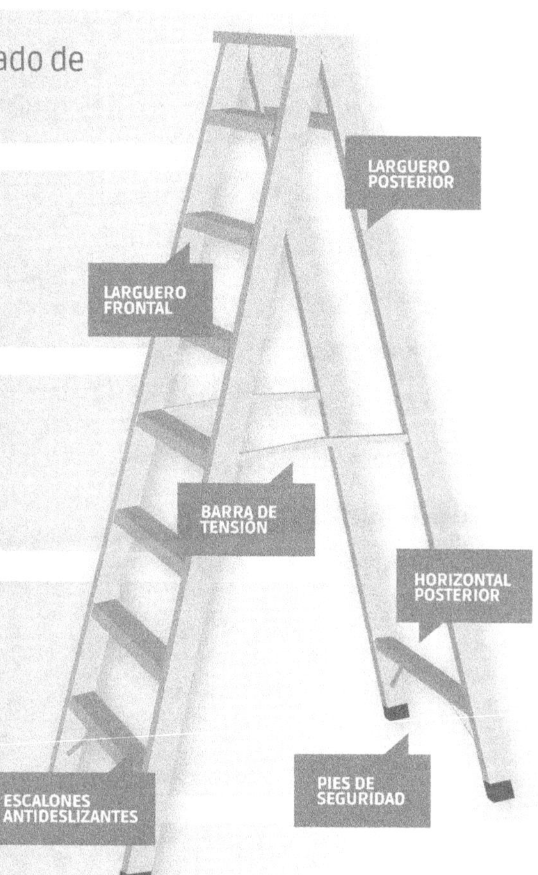

3.5. Riesgo de caídas

ESCALERAS FIJAS

Sujétate a la **barandilla.**

No circules deprisa ni cargues con demasiados materiales.

Utiliza siempre **calzado cerrado** con **suela antideslizante**. Evita los zuecos.

Camina despacio, con pasos cortos.

CAÍDAS AL MISMO NIVEL

Señaliza las zonas de riesgo mientras dure el riesgo colocando carteles indicativos de "suelo mojado".

Elimina inmediatamente los **desperdicios** y los **vertidos** que puedan provocar caídas.

Limpia los **derrames de aceites** o **grasas** inmediatamente con un producto adecuado.

3.6. **Caída de objetos**

Los armarios, archivadores, estanterías, etc., pueden volcar **por falta de estabilidad** o por un **incorrecto almacenamiento** de material en su interior.

No sobrecargues las estanterías y armarios.

Coloca los objetos más pesados **en los estantes inferiores.**

Si es necesario, **ancla** las estanterías y los armarios a la pared y entre sí.

Aprende el manejo de las estanterías móviles antes de utilizarlas.

Si una estantería o un armario caen, apártate. No intentes detenerlo.

3.7. Cortes y pinchazos

RECOMENDACIONES GENERALES

El riesgo de corte está causado por **tijeras** u otro **material de oficina.**

MEDIDAS PREVENTIVAS

Extrema la precaución durante la manipulación de herramientas de corte.

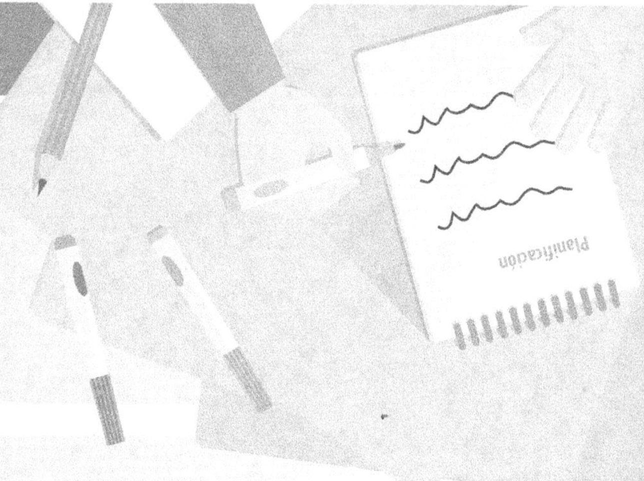

Nunca guardes tijeras
u objetos cortantes
en los **bolsillos.**

No dejes herramientas con riesgo de
corte encima de **mesas de trabajo,**
ni en **zonas de paso.**

RECUERDA

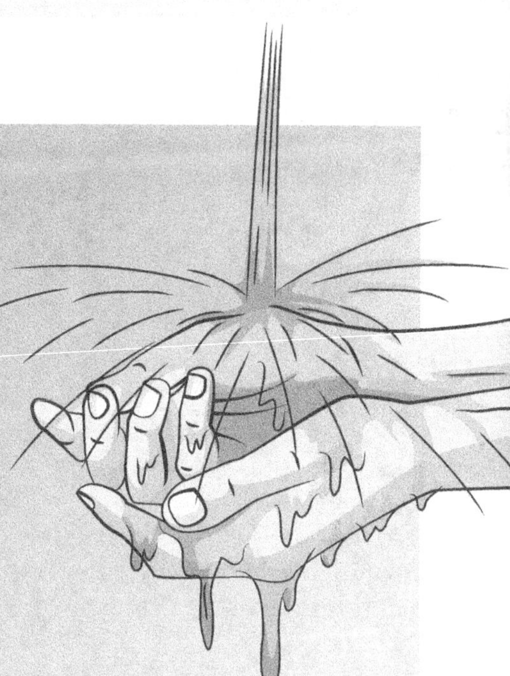

Si te cortas lava la
herida con **abundante
agua** y **presiona** para
detener la hemorragia.

Si la herida es profunda
debes dirigirte a los
servicios médicos de
la mutua de accidentes
de trabajo.

3.8. Riesgo eléctrico

RECOMENDACIONES GENERALES

Si observas un **calentamiento anormal** de un aparato eléctrico comunícalo de inmediato.

Ante una descarga eléctrica el primer paso es **desconectar la tensión.**

Nunca conectes aparatos eléctricos directamente con los **cables.**

No desconectes equipos, teléfonos, aparatos, tirando del cable.
Hazlo **tirando de la clavija.**

No sobrecargues las tomas de corriente.

No utilices aparatos mojados,
ni los manipules con las manos
húmedas o **mojadas.**

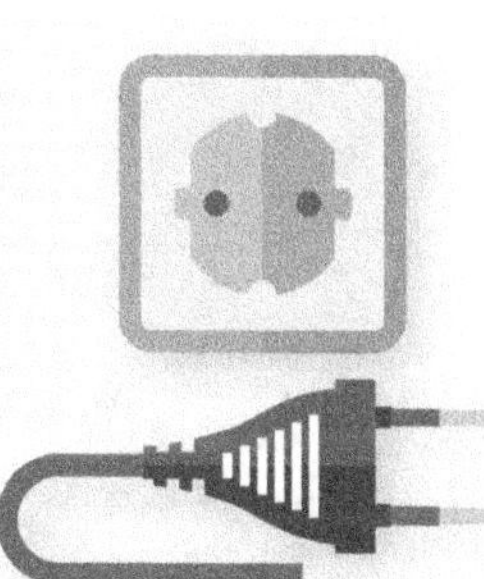

No limpies las tomas de corriente
o partes de aparatos eléctricos con
trapos mojados.

Evita limpiar cualquier equipo conectado
a la corriente eléctrica con **espray**
o con **líquidos.**

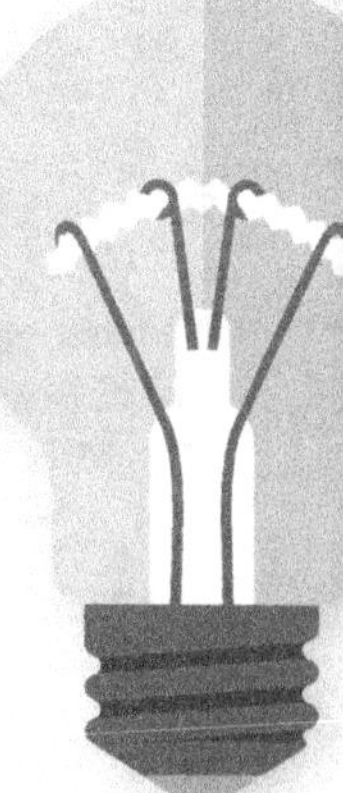

Evita **acumulaciones** y **salpicaduras de agua,
café, té, refrescos, etc.,** sobre enchufes y
aparatos eléctricos.

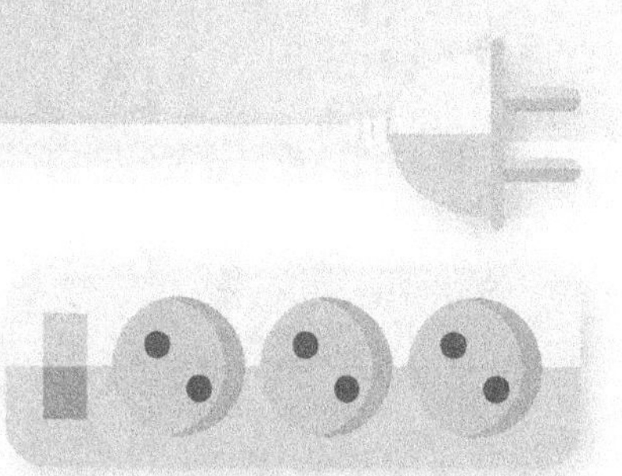

3.9. Puertas

Las **puertas de cristal** deben señalizarse mediante bandas o marcas a la altura de los ojos.

Las puertas opacas y de vaivén deben estar dotadas de **mirillas o ventanas** para poder ver el otro lado. Además, las áreas de barrido de las puertas vaivén deben estar señalizadas.

Toda **mampara de vidrio** debe tener algún elemento
decorativo (a 1,4 m del suelo) de forma muy visible que
evite chocar con ella.

Las **puertas de emergencia** deben estar claramente
señalizadas, ser de fácil apertura y estar permanentemente
libres. Estas puertas deben abrirse hacia afuera.

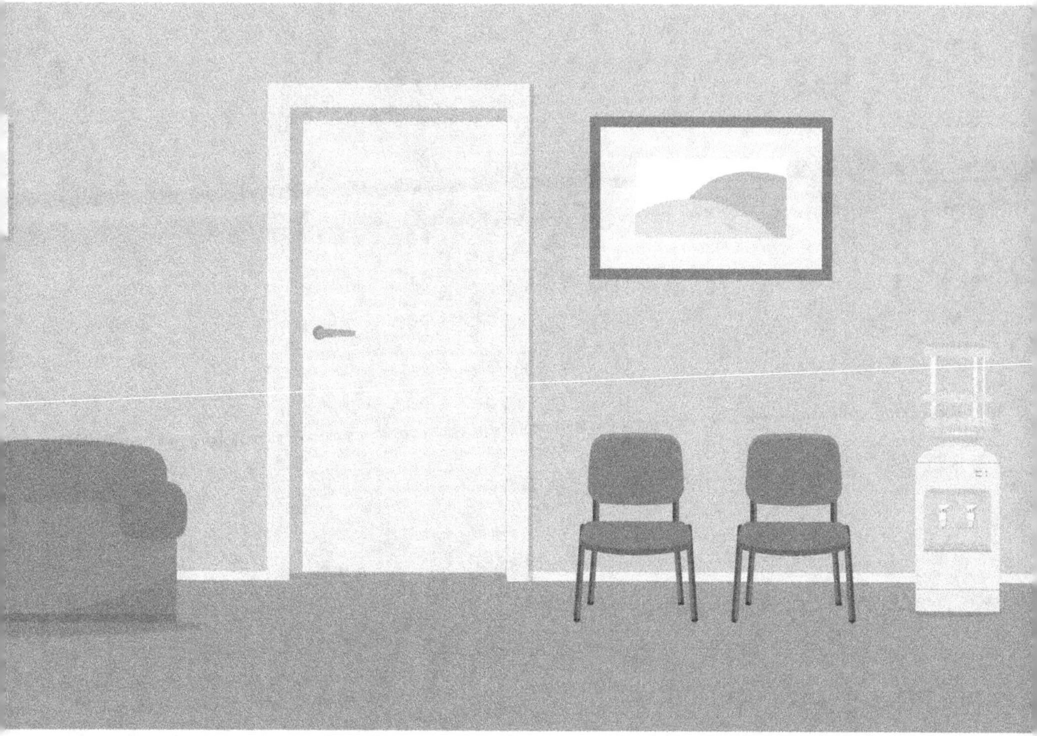

3.10. Sobreesfuerzos y manejo manual de cargas

RIESGOS ERGONÓMICOS • LME: MEDIDAS PREVENTIVAS

Procura **alternar tareas** de diferente actividad muscular.

Realiza **ejercicios de estiramiento.**

Para trasladar equipos o material de grandes dimensiones, **hazlo con la ayuda de un compañero/a,** realizando los movimientos de manera coordinada.

No intentes cargar con **más peso del que puedas manipular.**

Utiliza **carros de transporte** aunque sean distancias cortas.

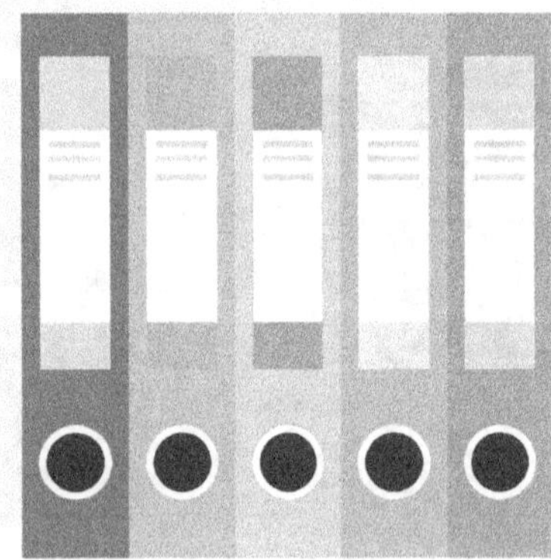

Mantén la **espalda recta** en todo momento.
Los discos intervertebrales repartirán mejor
el peso y **evitarás lesiones permanentes
en la columna.**

Observa que la carga que vas
a mover **esté libre de filos
cortantes,** partes astilladas, etc.

3.10. Sobreesfuerzos y manejo manual de cargas

LESIONES MUSCULOESQUELÉTICAS

El manejo manual de cargas puede **lesionarte**.

Las **lesiones** pueden producirse cuando:

- Manipulas **objetos muy pesados**: cajas, archivadores, equipos informáticos, impresoras...

- Realizas actividades de **empuje** o **tracción** de carros excesivamente cargados.

Muchas **lesiones cervicales** y **dorsales** se deben al levantar cargas incorrectamente.

MEDIDAS PREVENTIVAS

1. **Examina la carga.** Hazte una idea de su **peso** y **dimensiones.** Decide los **puntos de agarre** teniendo en cuenta la forma, peso y volumen de la carga.

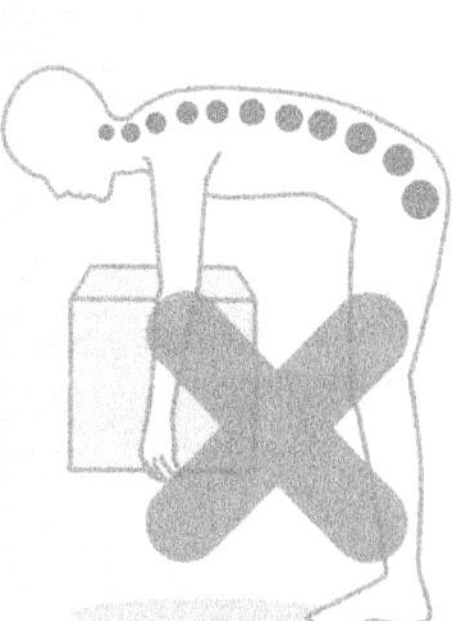

2. **Acércate** a la carga, **sitúa los pies** adecuadamente y **flexiona las rodillas.**

3. **Levanta** la carga con la **espalda recta,** sin arquear la columna. Levántala gradualmente enderezando las piernas. **Utiliza** los músculos de las piernas.

4. Transporta la carga a la **altura de la cadera** y lo más **cerca** posible del cuerpo.

5. Tus brazos deben trabajar a **tracción simple** (estirados) manteniendo la carga suspendida.

6. Sujeta la carga con fuerza utilizando las **palmas de las manos** y los **dedos.**

7. Al dejar la carga en su lugar, utiliza la gravedad: **aprovecha la tendencia a la caída.**

8. Si la carga está **elevada,** aproxímate a ella, sostenla y **aprovecha la gravedad para desplazarla.**

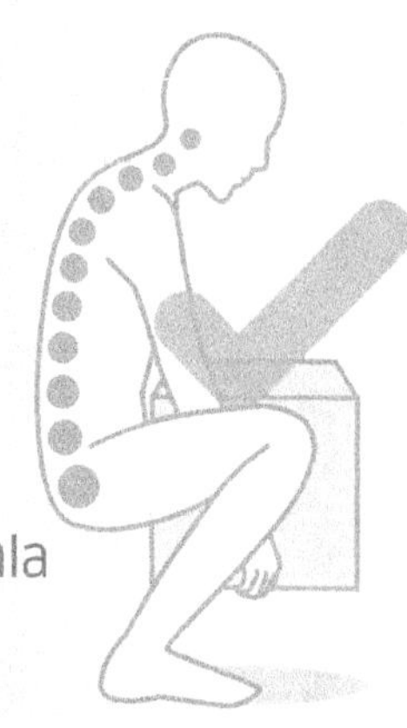

BLOC DE NOTAS

Resumen

Seguridad en el entorno de trabajo

Módulo 3. **Resumen**

RECOMENDACIONES GENERALES

Utiliza escaleras **adecuadas a la tarea,** y que se encuentren en **perfectas condiciones de uso.**

Si no alcanzas algún objeto **no te subas en elementos que sean inestables,** como sillas, mesas, cajas o papeleras.

No apoyes la escalera sobre lugares o elementos **poco firmes.**

Desplaza la escalera las veces que sea necesario, para acceder a las estanterías u otras áreas de altura superior a los hombros.

RECOMENDACIONES GENERALES

Puedes **golpearte** con objetos **inmóviles** o **móviles** al caminar por zonas de paso con insuficiente iluminación, en las zonas de recreo, etc.

Ten en cuenta que el **mobiliario no anclado correctamente** puede caer (por ejemplo: percheros y estanterías).

Los equipos y muebles deben tener las **esquinas redondeadas.**

No dejes **elementos salientes** en zonas de paso.

Otros riesgos del trabajo

4.1. **Factores psicosociales**
4.2. **Hábitos de vida y alimentación**

4.1. Factores psicosociales

MEDIDAS PREVENTIVAS

Evita que las tareas **sobrepasen** tu capacidad individual.

Informa en todo momento a la dirección de la empresa de **situaciones adversas.** Si es posible, intenta conocer más a fondo el caso.

Atiende a las peticiones siguiendo un orden lógico. Realiza las tareas una a una, **sin prisas.**

Recuerda que **no estás solo/a,** tienes el apoyo de tu responsable y empresa.

No te enfrentes a nadie. Indica las **prohibiciones** y **limitaciones** de una manera educada y amable.

Sé una persona educada. Mantén una **buena relación con tus compañeros/as.** Colabora a generar un buen clima laboral. Eso contribuirá a tener apoyo cuando sea necesario.

Controla el **sobrepeso.** Procura que tu alimentación sea rica en verduras, frutas, lácteos.

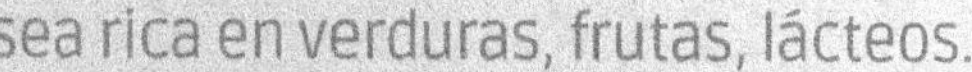

Practica **ejercicio físico** y anda siempre que sea posible.

Realiza **pequeñas pausas periódicas** para relajar la tensión muscular y contrarrestar el estatismo postural: cambia de postura (realizando algún estiramiento muscular), camina, bebe agua, relaja la vista (mirando puntos lejanos).

Debes realizar **pausas cortas y frecuentes** en lugar de largas y escasas.

4.2. Hábitos de vida y alimentación

Disminuye el **uso de sal** en tus comidas.

Existen algunos alimentos que ayudan a **mejorar la circulación sanguínea:** aceite de oliva, nueces, frutas y hortalizas, verduras, cereales integrales, etc.

Módulo **5**

Nueva normalidad por covid-19

5.1. **Introducción**
5.2. **Responsabilidad social**
5.3. **Protección**
5.4. **Prevención**
5.5. **En el trabajo**

5.1. Introducción

CORONAVIRUS, SARS-CoV-2 Y COVID-19... ¿SON LO MISMO?

Los **coronavirus** son un tipo de virus que afecta normalmente a los animales.

La **covid-19** es la enfermedad producida por el coronavirus **SARS-CoV-2,** que es un tipo de coronavirus específico, detectado en diciembre de 2019.

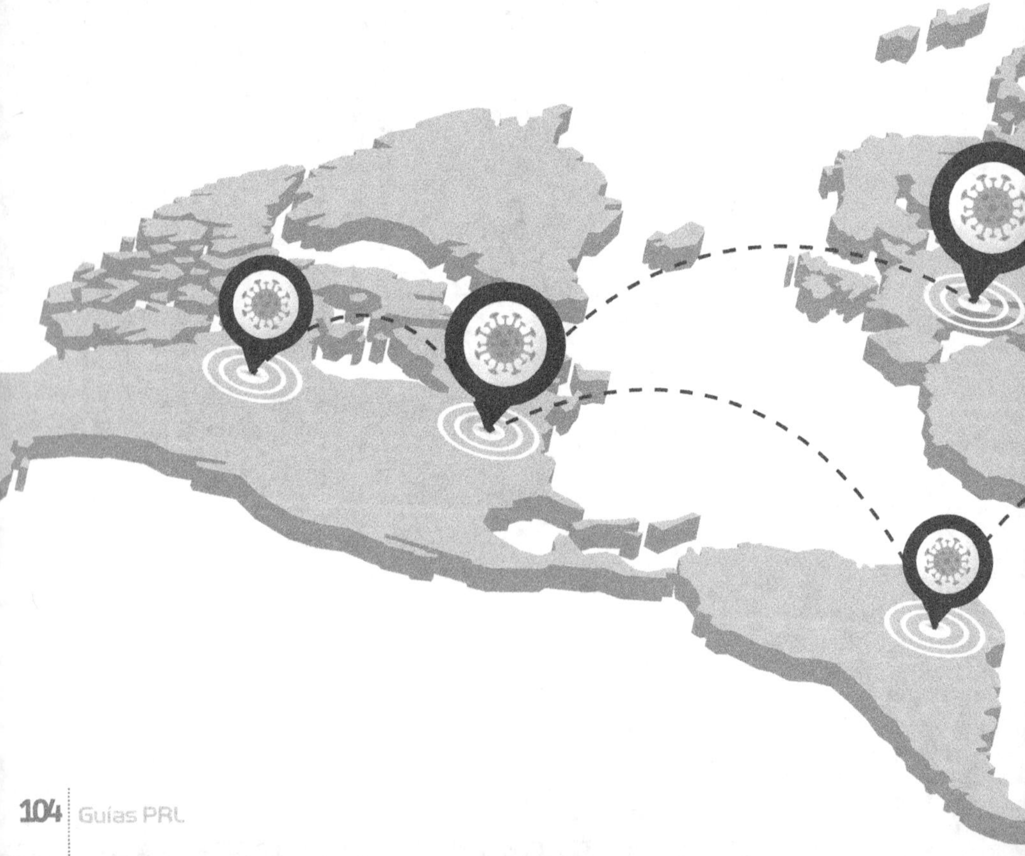

El SARS-CoV-2 se ha contagiado en humanos y se ha expandido rápidamente por todo el mundo, causando así una **pandemia mundial** que ha obligado a los países a tomar medidas preventivas excepcionales.

5.1. Introducción

La principal causa de contagio de la covid-19 es mediante **gotas transmisoras** que una persona portante del virus puede propagar al hablar o toser. Esta es la razón por la que el uso de mascarilla es la medida preventiva más apropiada.

La **facilidad con la que se contagia entre personas es muy alta,** por eso la pandemia ha afectado a todo el mundo, cebándose con aquellos países que menos protecciones han tomado.

También es posible contagiarse al tocar una superficie u objeto que contenga el virus. Por eso es importante lavarse las manos a menudo.

La diferencia de contagio entre la gripe común y la covid-19 es muy remarcable:

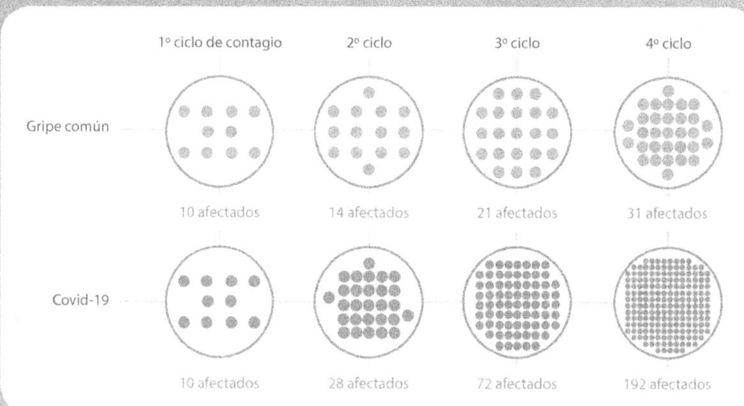

Por tanto, es importante que todas las personas:

- Nos lavemos las manos con frecuencia.

- Evitemos el contacto o la proximidad con terceras personas.

- Nos cubramos boca y nariz con mascarilla.

- Nos tapemos al estornudar.

- Limpiemos y desinfectemos las superficies que más tocamos, con frecuencia.

5.1. Introducción

RECUERDA

> Hay personas **asintomáticas,** es decir que, **aunque no tengan síntomas de estar enfermas, pueden contagiar el virus.** Esto aumenta el riesgo.

> Aunque afecta sobre todo a personas mayores, **cualquier persona puede contagiarse** y padecer síntomas o requerir ingreso hospitalario.

DIFERENCIA ENTRE MANTENER O NO LA DISTANCIA FÍSICA

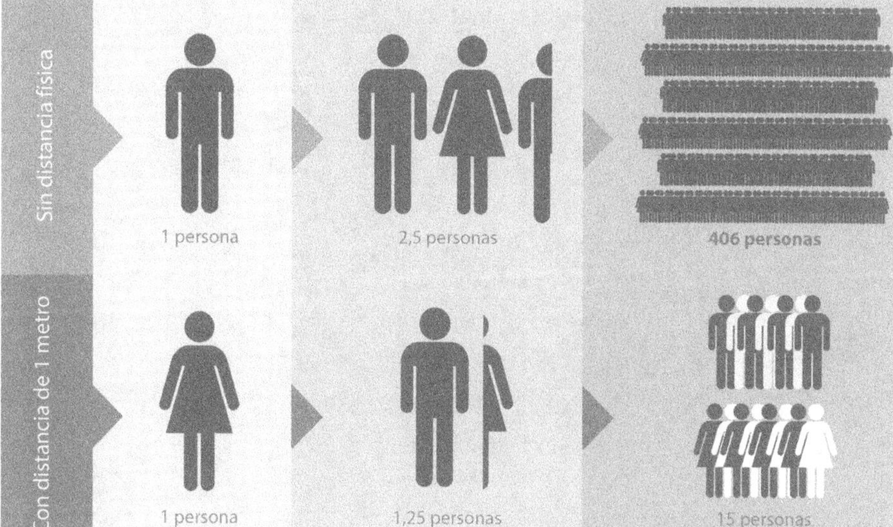

5.2. Responsabilidad social

5.2.1. Responsabilidad comunitaria

La responsabilidad social es el **compromiso** de los miembros de una sociedad o familia hacia los otros miembros.

El apoyo mutuo, la cooperación, la reciprocidad y la colaboración que podemos dar a nuestra comunidad implican un beneficio para todos los individuos. En tiempos complicados como los que vivimos, es importante que podamos apoyar al resto **actuando de manera proactiva.**

Ayuda a personas mayores, con problemas de movilidad y a cualquiera que pueda necesitarlo; solo visitarles para ver si se encuentran bien, o ayudarles a bajar la basura, puede ser un cambio muy positivo en su día a día.

RECUERDA

La lucha contra la covid-19 es responsabilidad de todos.

Intenta no juzgar a los demás, son tiempos complicados para todos.

5.2. Responsabilidad social

5.2.2. Consumo responsable

El consumo responsable implica consumir solo lo que se necesita y en las cantidades que se necesita, sin excederse.

La compra en línea no te protege de una posible contaminación, piensa que en la cadena hay muchas personas trabajadoras implicadas: **no compres lo que no necesitas.** Realiza una limpieza exhaustiva y pon en cuarentena los productos que recibas.

Reduce al mínimo las salidas.

Realiza una lista antes de salir de casa
para evitar comprar en exceso.

Mira las etiquetas de los productos que
compras: fíjate en la calidad, las cantidades,
la fecha de caducidad, la procedencia...

Es importante que los productos sean de proximidad
como garantía para poder realizar la trazabilidad en
caso de contaminación.

5.2. Responsabilidad social

5.2.2. Consumo responsable

En las tiendas deben poner en cuarentena aquello que toques: herramientas, vestuario, dispositivos electrónicos... deben ser desinfectados antes de volver a ponerlos a la venta.

Evita visitar tiendas si no tienes intención de comprar.

Sigue los protocolos de cada establecimiento. En general, al entrar en un comercio hay que aplicarse gel hidroalcohólico en las manos. Y en las tiendas de alimentación, deberías usar guantes.

Mantén la distancia de seguridad en las colas de espera, y entra y sal de los comercios fijándote en la señalética o por donde te indique el personal.

Respeta la preferencia de personas mayores, con
movilidad reducida, discapacitadas o embarazadas.

Cumple con el aforo de cada local.

Paga con tarjeta y prescinde del efectivo
cuando sea posible.

Evita usar bolsas de plástico, lleva siempre
tus propias bolsas reutilizables.

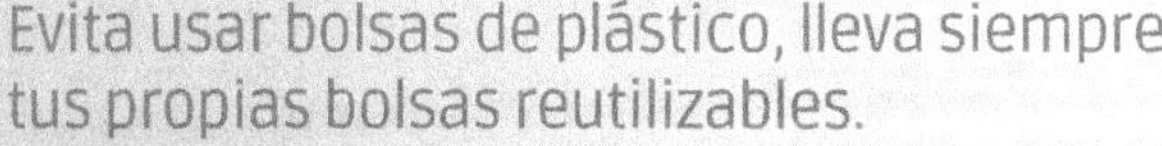

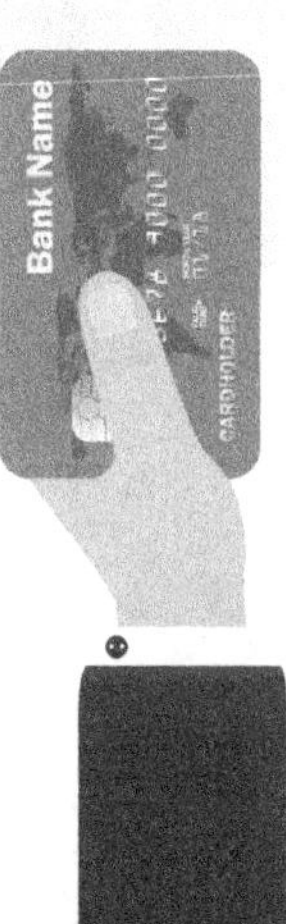

5.2. Responsabilidad social

5.2.2. Consumo responsable

EN CASA

- Al lavarte las manos, cierra el grifo de agua (con el codo) mientras no lo utilices.

- El inodoro no es una papelera: no tires toallitas, mascarillas ni guantes.

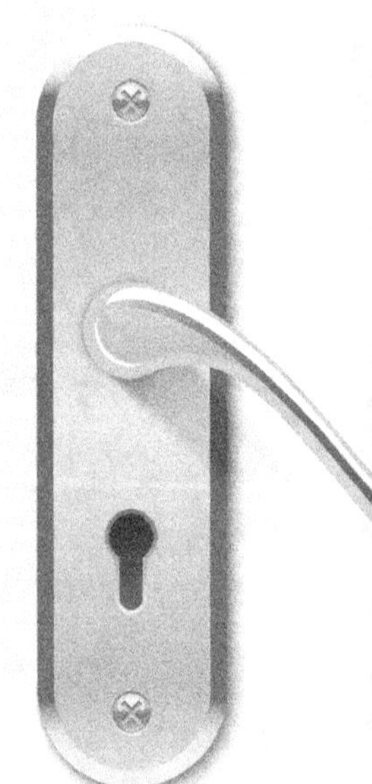

- Consume productos sostenibles.

- Revisa la higiene de interruptores, pomos, mandos a distancia, timbre y otros elementos de tu hogar y de sus accesos.

- Limpia y desinfecta todos los productos que hayas comprado con agua caliente y jabón, alcohol isopropílico de 70 % y paños de microfibra.

- Aunque el contacto con alimentos no es el principal foco de contaminación, lava con agua fría los crudos y lávate bien las manos antes de preparar alimentos.

- Lava las bolsas reutilizables.

5.3. Protección

5.3.1. Mascarillas*

¿CUÁNDO LLEVAR LA MASCARILLA?

Las mascarillas deben llevarse para evitar la alta transmisibilidad del virus, que se expande mediante la emisión de gotas portadoras a través del aire.

Las mascarillas **son de uso obligatorio** en espacios cerrados, así como en espacios abiertos en los que no se pueda garantizar la distancia mínima de seguridad de dos metros entre personas.

Es obligatorio su uso para todas las personas a partir de 6 años.

Para niños entre 3 y 5 años es recomendable su uso.

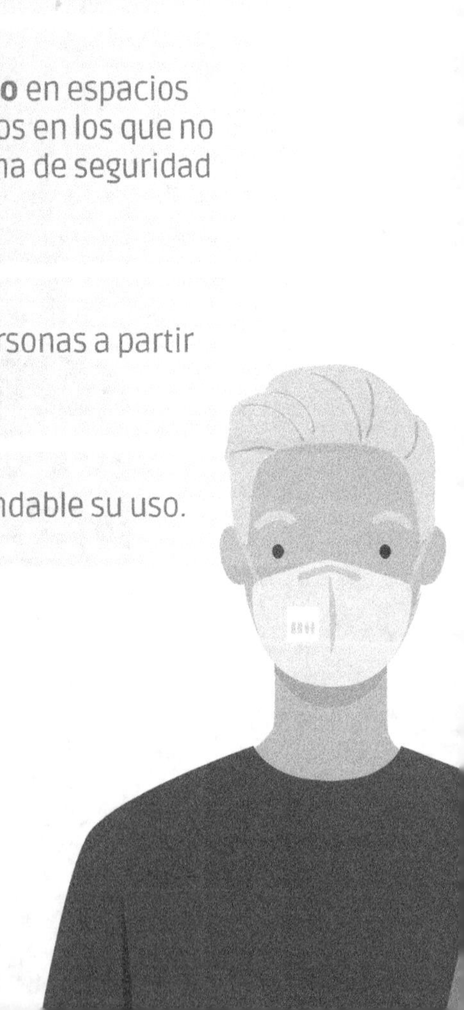

* La mascarilla recibe diferentes nombres dependiendo de las zonas geográficas: cubreboca, tapaboca, barbijo, entre otros, siempre con el significado de pieza de tela o máscara que cubre la boca y la nariz para brindar protección de posibles agentes patógenos o tóxicos.

Pueden NO llevar mascarilla:

- Personas con dificultad respiratoria y problemas donde esté contraindicado su uso.
- Personas con discapacidad o dependencia que presenten alteraciones de conducta que hagan inviable su uso.
- Las que desarrollen actividades por las que por su propia naturaleza sea incompatible llevarla.
- Causa de fuerza mayor o situación de necesidad.

5.3. Protección

5.3.1. Mascarillas

RECOMENDACIONES

- En un restaurante o bar es mejor que te quites la mascarilla a quitarla y ponerla cada vez.

- Si te encuentras a alguien por la calle, no te la quites para hablar.

- Si realizas ejercicio físico (correr, ir en bici...), no es necesario usar la mascarilla.

- No te toques la mascarilla mientras la usas. Si lo haces, lávate las manos.

No te pongas la mascarilla en la barbilla, ni en el codo, ni en ningún otro sitio. Si tienes que quitártela, guárdala en un sobre o bolsa de papel dentro de tu mochila o bolsillo.

Asegúrate de que la mascarilla te tapa la nariz y la boca por completo.

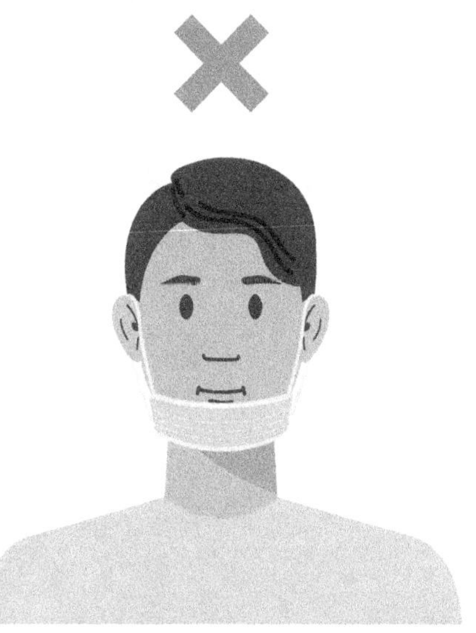

5.3. Protección

5.3.1. Mascarillas

TIPOS DE MASCARILLAS

Modelo		No contagiarse	No contagiar	Utilidad
CASERA		✘	✔	Limitar propagación
QUIRÚRGICA		✘	✔	Evitar propagación
FFP1		✘	✔	Evitar propagación
FFP2		✔	✔	Evitar/proteger propagación
FFP2 VÁLVULA		✔	✘	Proteger contagio
N95		✔	✔	Evitar/proteger propagación
FFP3		✔	✔	Evitar/proteger propagación

Las mascarillas higiénicas y quirúrgicas son de un solo uso y su vida útil no se extiende más allá de cuatro horas.

Las mascarillas higiénicas reutilizables pueden lavarse con detergente y agua a 60 °C.

Las **mascarillas con filtro FFP2 y FFP3** están concebidas como material no reutilizable. Su vida útil es de 48 horas consecutivas.

Al comprar mascarillas:

- Asegúrate que tienen el **marcado CE** conforme cumple con la legislación.
- Busca la referencia a la norma **UNE EN-149,** estándar de calidad.
- El **marcaje NR** indica que no es reutilizable, y la **R** que sí lo es.

Temporalmente existen otras certificaciones válidas durante la pandemia. Consulta siempre fuentes autorizadas u oficiales para estar al día.

5.3. Protección

5.3.1. Mascarillas

¿CÓMO COLOCARSE LA MASCARILLA?

1. Lávate las manos con agua y jabón.

2. Revisa que la mascarilla no esté en malas condiciones.

3. Asegúrate de que **el lado correcto de la mascarilla quede hacia afuera.**

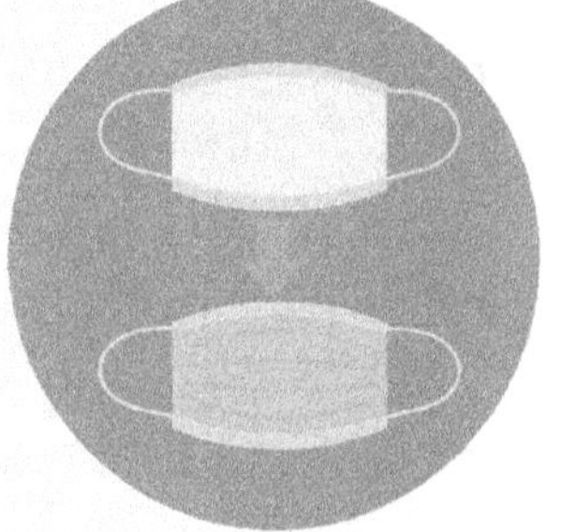

4. Colócate la mascarilla en la cara.

5. Sujeta las gomas de la mascarilla alrededor de las orejas o en la parte posterior de la cabeza.

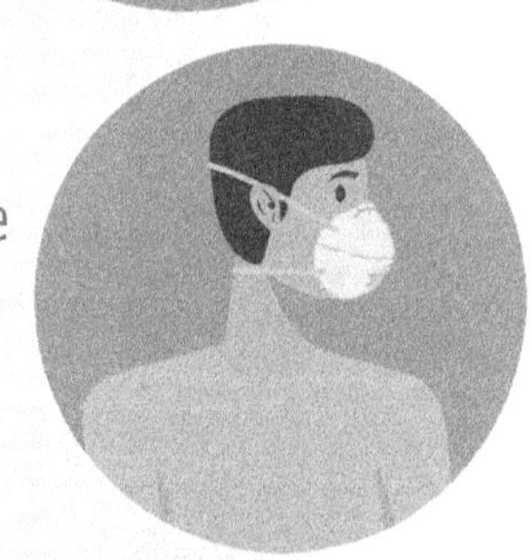

6. Cubre completamente tu nariz y boca.

7. **Presiona la tira metálica** para que se ajuste a tu nariz (si tiene).

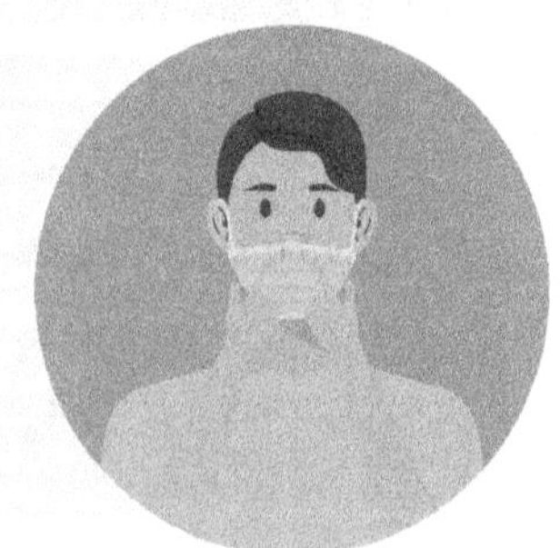

8. Reemplaza la mascarilla si se humedece.

¿CÓMO QUITARSE LA MASCARILLA?

1. Lávate las manos con agua y jabón.

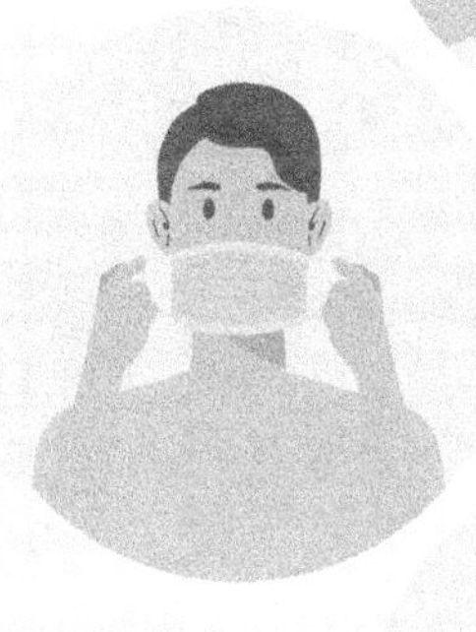

2. **Quítate la mascarilla desde atrás hacia adelante,** sujetando las gomas.

3. Coloca la mascarilla dentro de una bolsa o sobre sin tocar la parte frontal.

4. Deséchala en un contenedor inorgánico o de rechazo. Las mascarillas no se pueden reciclar.

5. Vuelve a lavarte las manos.

5.3. Protección

5.3.2. Guantes

¿CUÁNDO USAR GUANTES?

Se recomienda el uso de guantes al limpiar, al cuidar a una persona enferma y cuando sea de obligado cumplimiento en establecimientos.

Para el resto de situaciones, practica las medidas preventivas cotidianas como el **distanciamiento físico, el lavado recurrente de manos y el uso de mascarilla.**

El uso de guantes NO sustituye al lavado de manos.

¿CÓMO QUITARSE LOS GUANTES?

1. Pellizca por el exterior el guante.

2. Retíralo sin tocar la parte exterior del mismo.

3. Coge el guante retirado con la mano que aún tiene guante.

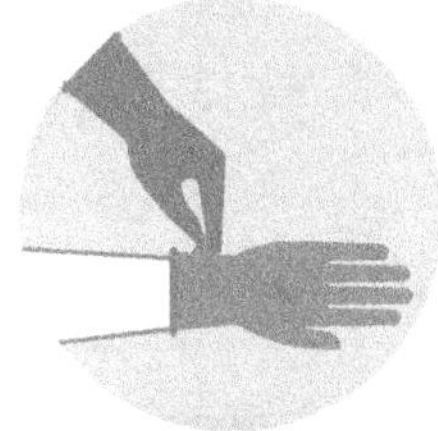

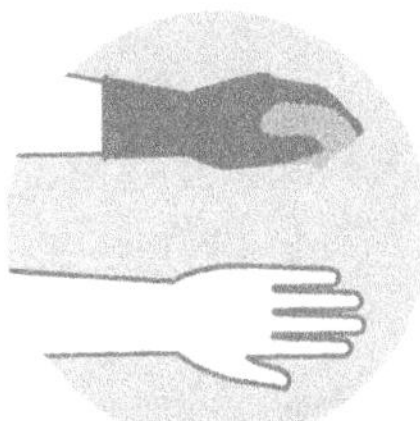

4. Retira el segundo guante de la misma manera.

5. Deséchalos en un contenedor inorgánico o de rechazo. Los guantes no se pueden reciclar.

6. Lávate las manos.

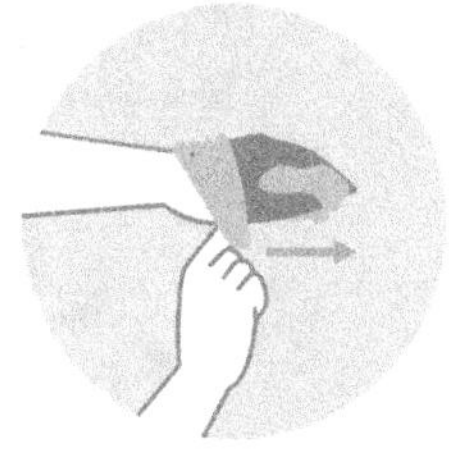

5.3. Protección

5.3.3. Lavarse las manos

¿CUÁNDO LAVARSE LAS MANOS?

Dentro del contexto de la covid-19, **deberías lavarte las manos:**

- Después de sonarte la nariz, toser o estornudar.
- Después de visitar un espacio público o un comercio.
- Después de tocar dinero.
- Antes y después de comer.
- Antes y después de cuidar a una persona enferma.

Y en general siempre:

- Después de ir al baño.
- Antes y después de comer.
- Después de tocar la basura.
- Después de tocar animales.
- Cuando tengas las manos
  visiblemente sucias.

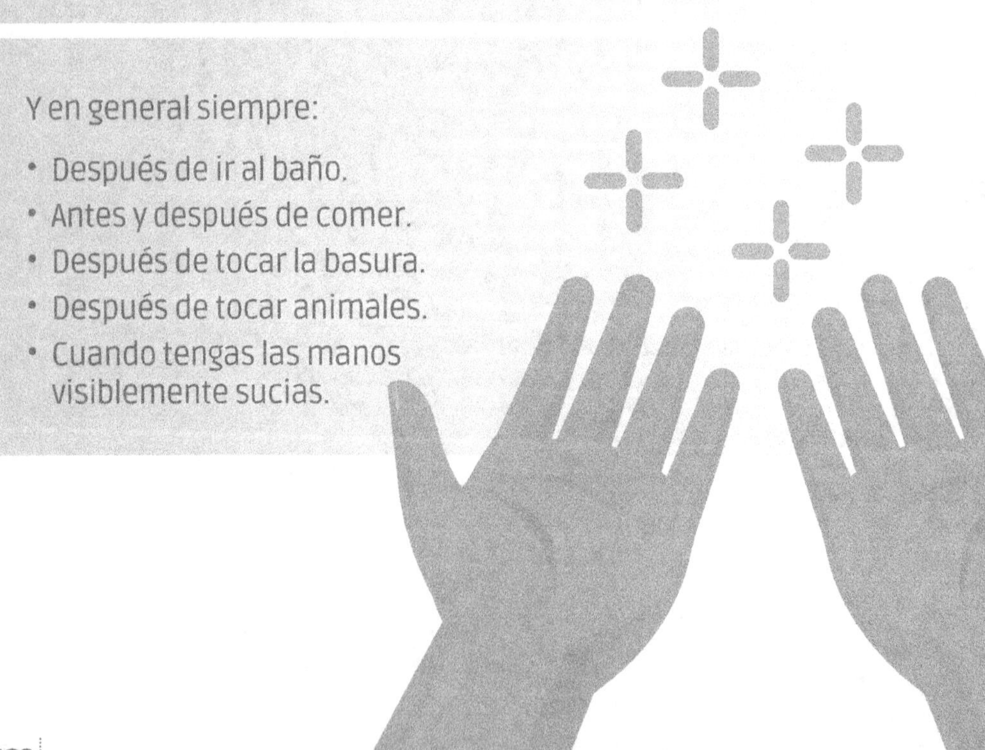

¿CÓMO LAVARSE LAS MANOS?

1. Mójate las manos con agua corriente.

2. Aplica jabón suficiente para cubrir
las manos mojadas.

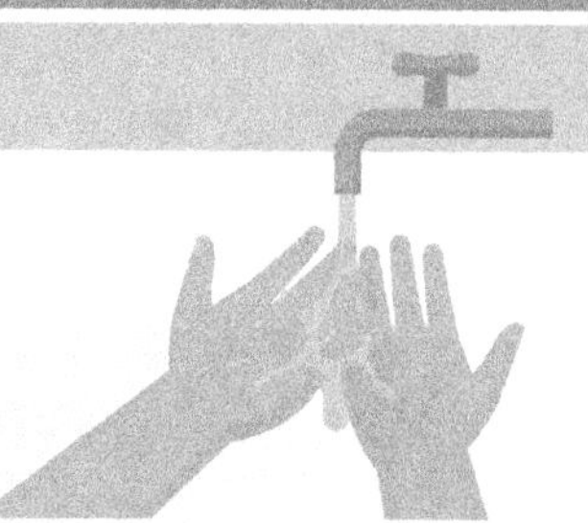

3. Dedica **al menos 20 segundos** a frotar toda
la superficie de las manos: palmas, dorso,
entre los dedos y debajo de las uñas, y hasta
las muñecas.

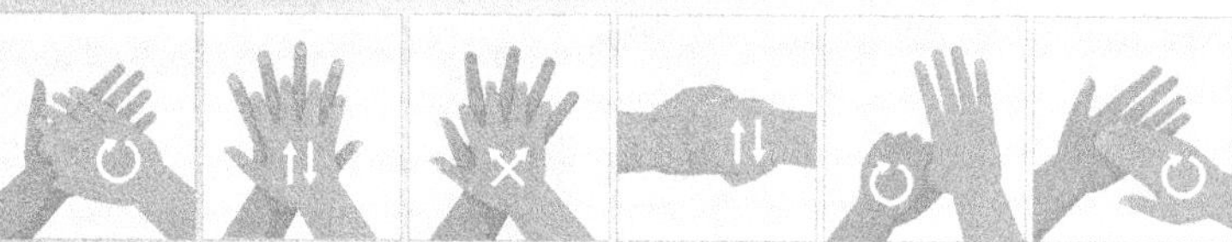

4. Aclara bien con agua corriente.

5. Sécatelas con un paño limpio
o una toalla de un solo uso.

5.3. Protección

5.3.4. Gel hidroalcohólico

¿CUÁNDO USAR EL GEL HIDROALCOHÓLICO?

Usa el gel siempre que no puedas lavarte las manos.

Es importante que lo tengas a mano al salir a la calle para lavarte las manos con él:

- Después de utilizar el ascensor.
- Después de abrir puertas.
- Al entrar en un comercio.
- Después de pagar en un comercio.
- O al tocar cualquier elemento que pueda estar contagiado.

¿CÓMO USAR EL GEL HIDROALCOHÓLICO?

Utiliza el gel hidroalcohólico igual que al lavarte las manos, expandiéndolo por toda la mano y dedos. Dedica al menos 20 segundos y utiliza un desinfectante que tenga mínimo un 60 % de alcohol.

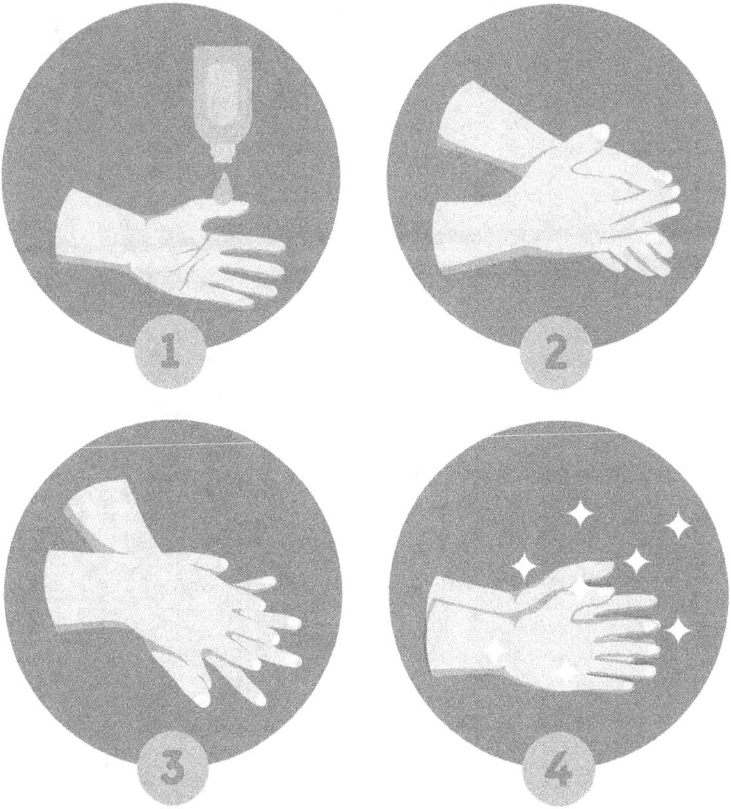

5.4. Prevención

5.4.1. Pautas para prevenir el contagio

AL TOSER

Tose contra el interior de tu codo.

Si tienes que sonarte, hazlo
con un papel desechable
y tíralo inmediatamente
después a la papelera. Lávate
las manos al acabar.

No te quites la mascarilla
cuando tengas que toser.

ASCENSORES

Al compartir ascensor, una persona infectada puede infectar a otra si no se puede mantener la distancia de seguridad.

El pulsador, el pasamanos y la botonera son los principales puntos de riesgo. Úsalos con guantes o **ayúdate de un objeto,** como las llaves, para tocarlos.

Viaja siempre solo. En caso de ascensores muy grandes, respeta la distancia de seguridad y mira hacia la pared.

Si puedes, **utiliza las escaleras.**

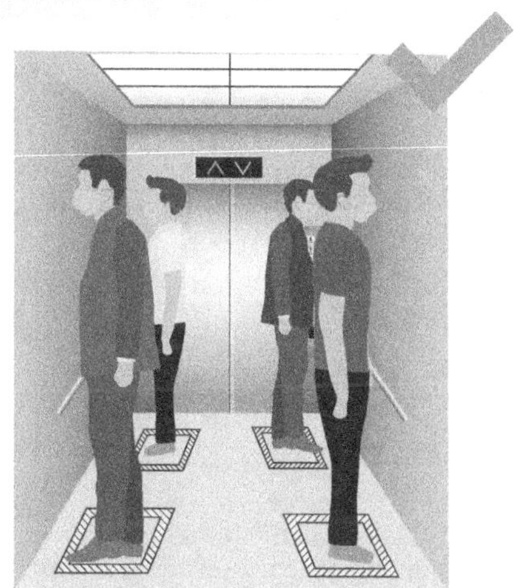

5.4. Prevención

5.4.1. Pautas para prevenir el contagio

LIMPIAR EL TELÉFONO MÓVIL

Recuerda que el virus puede contaminar objetos e infectar a la gente que los toca.

La limpieza y desinfección de tu teléfono debería ser un hábito consolidado. ¿Sabías que tocamos el teléfono móvil unas 2.600 veces al día?

Puedes limpiar la pantalla con **toallitas desinfectantes,** pero no con espray desinfectante ni otros productos corrosivos que la puedan dañar.

Con la toallita o con un paño de microfibra y alcohol, recorre de forma concienzuda toda la superficie del teléfono.

La funda también hay que limpiarla: extráela del teléfono y frótala con agua y jabón, y sécala con un trapo de microfibra. También puedes lavarla con espráis de limpieza o alcohol isopropílico de 70°.

Cuando acabes de desinfectar el teléfono, lávate las manos.

Igualmente puedes limpiar llaves, suelas de zapatos o cualquier objeto susceptible de estar contaminado.

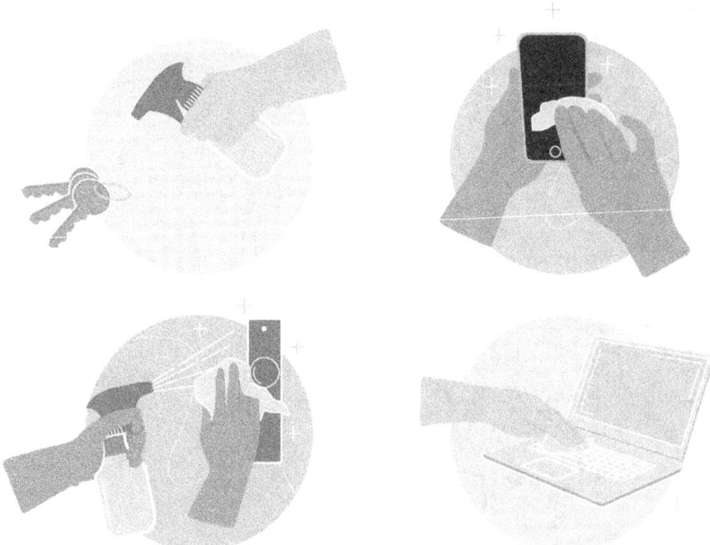

5.4. Prevención

5.4.2. Cómo moverse: espacios al aire libre

Mantén la distancia de 2 metros con el resto de transeúntes.

Es importante que lleves la mascarilla de **forma correcta**.

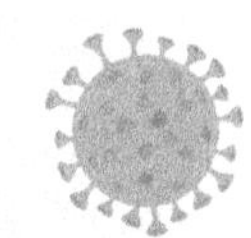

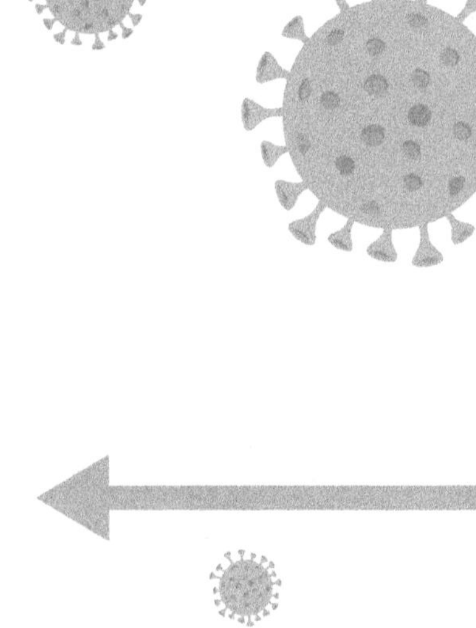

Recuerda lavarte las manos con agua y jabón o gel hidroalcohólico a menudo.

Si haces cola en un establecimiento, **mantén la distancia mínima** o las indicaciones que te den desde el establecimiento.

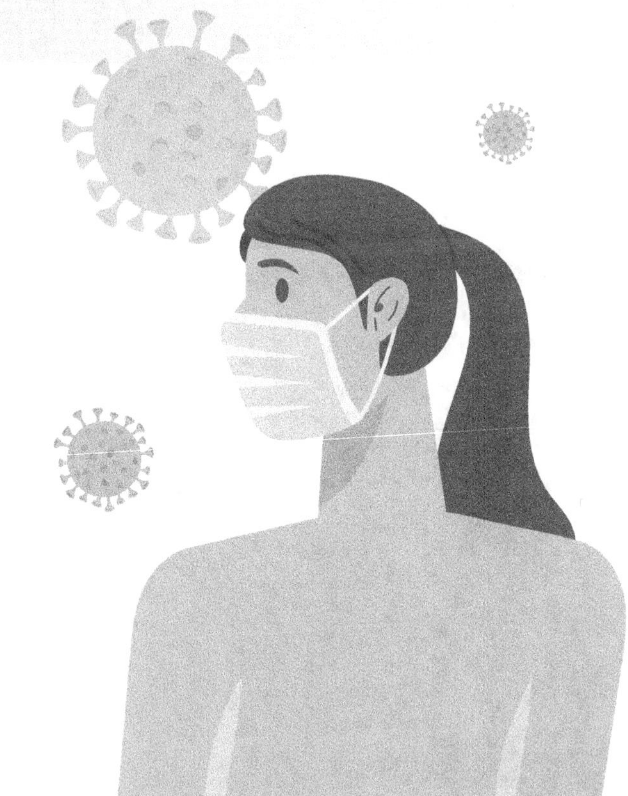

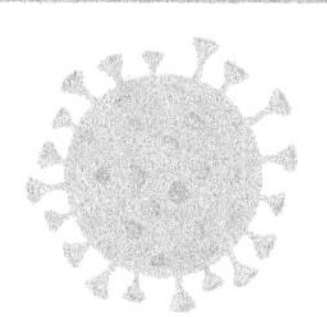

5.4. Prevención

5.4.3. Cómo moverse: vehículos y transporte público

Al utilizar el transporte público, **el uso de mascarilla es obligatorio.**

Aunque el teletrabajo y los turnos pueden ayudar a reducir la congestión en las horas punta, utiliza si puedes vehículos sostenibles como la bicicleta, los patinetes, o el uso temporal *(carsharing)* de vehículos eléctricos.

Dentro del transporte, siéntate lo más alejado posible del resto de personas.

Recuerda que, dentro de un vehículo, puedes ocupar todas las plazas e ir sin mascarilla **siempre que todos los pasajeros viváis juntos.**

En caso contrario se deberá usar mascarilla y solo podrán ir dos ocupantes por fila de asientos.

Si tomas un taxi, debes llevar obligatoriamente la mascarilla, y no puedes sentarte al lado del conductor.

5.5. En el trabajo

5.5.1. Puesto de trabajo

Las empresas deben asegurar que el lugar de trabajo cuenta con **los materiales y las protecciones necesarias para cumplir con las recomendaciones de higiene y distancia que marca la legislación.**

Además, deben entregar los dispositivos de protección necesarios para poder realizar el trabajo en condiciones óptimas de seguridad.

Hay que **reforzar la limpieza** de todas las áreas de trabajo, superficies compartidas (salas de reuniones, lavabos, comedor...) e individuales (escritorios, impresoras...).

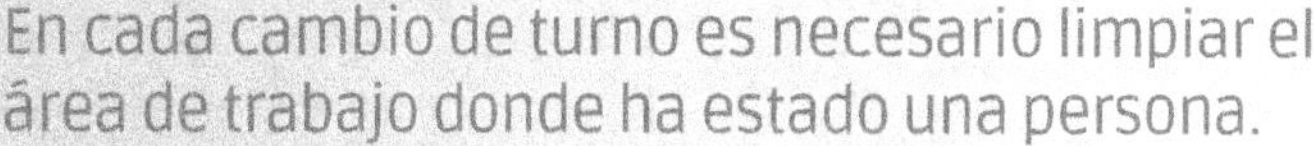

En cada cambio de turno es necesario limpiar el área de trabajo donde ha estado una persona.

La vigilancia de la salud es voluntaria, pero en el contexto de la covid-19 puede hacerse obligatoria: **tomar la temperatura, no ir al trabajo con fiebre o síntomas** relacionados con la enfermedad, o hacer cuarentena si es necesario.

5.5. **En el trabajo**

5.5.2. El teletrabajo

La posibilidad del teletrabajo ha hecho que muchas personas pudieran seguir ejerciendo sus labores profesionales durante el confinamiento.

RIESGOS PSICOSOCIALES

La situación de confinamiento en casa, sumada al trabajo, la familia y la sensación de encierro, puede generar malestar psicológico.

Por ello es importante tener en cuenta las **limitaciones de cada persona** para desarrollar las tareas en un puesto diferente del habitual, con posible familia a cargo, y espacios y recursos compartidos con otras personas del domicilio.

Las empresas deben garantizar a la persona trabajadora **canales de comunicación y una carga de trabajo adecuada.**

Por tu parte:

- **Planifica el horario y una rutina** diaria.
- Mantente activo/a y ocupado/a haciendo ejercicio, y desconecta disfrutando de tus aficiones.
- **No pierdas el contacto social.**
- Reconoce tus emociones y pide ayuda o consejo profesional si es preciso.

5.5. En el trabajo

5.5.2. El teletrabajo

RIESGOS ERGONÓMICOS

Existen normativas gubernamentales que priorizan el trabajo a distancia con el objetivo de garantizar que la actividad empresarial y las relaciones de trabajo se desarrollen con cierta normalidad.

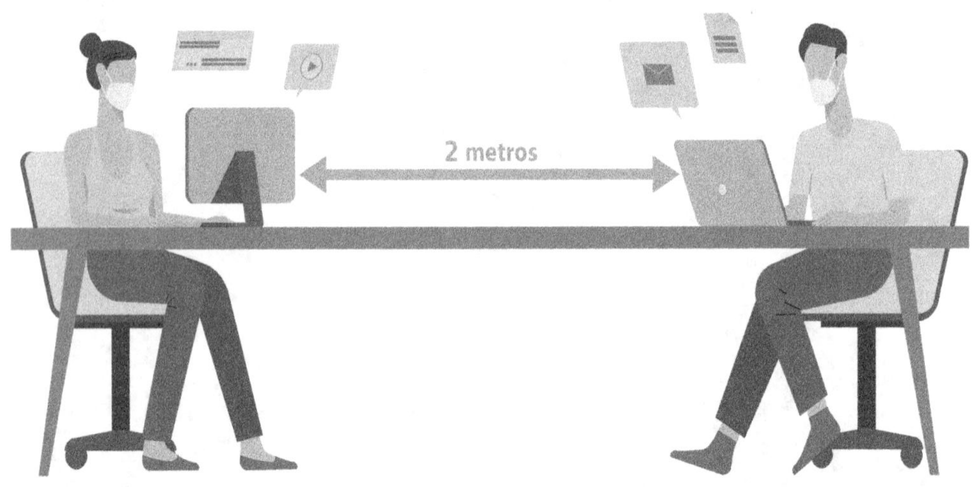

Esta situación se mantendrá hasta que se normalice la situación de excepcionalidad sanitaria creada por la pandemia de la covid-19.

Al elegir un espacio de trabajo en casa, **ten en cuenta** (dentro de tus posibilidades) **la luz y el ruido.** Intenta emular un puesto de trabajo parecido al que tienes en tu empresa, con la **luz lateral**, la **distancia correcta entre pantalla, silla y mesa,** y con algo de ventilación.

Recuerda realizar pausas cortas y frecuentes para evitar la fatiga.

BLOC DE NOTAS

Resumen

Nueva normalidad por covid-19

Módulo 5. **Resumen**

Las mascarillas **son de uso obligatorio** en espacios cerrados, así como en espacios abiertos en los que no se pueda garantizar la distancia mínima de seguridad de dos metros entre personas.*

Es obligatorio su uso para todas las personas a partir de 6 años.

No te la quites para hablar ni al toser.

* En algunas zonas, ante el peligro que implican los rebrotes, las autoridades obligan al uso de la mascarilla en espacios abiertos.

Lávate las manos frecuentemente y siempre después de tocar objetos susceptibles de estar contaminados y al llegar a casa.

Sigue las medidas establecidas por cada establecimiento, transporte o lugar de trabajo.

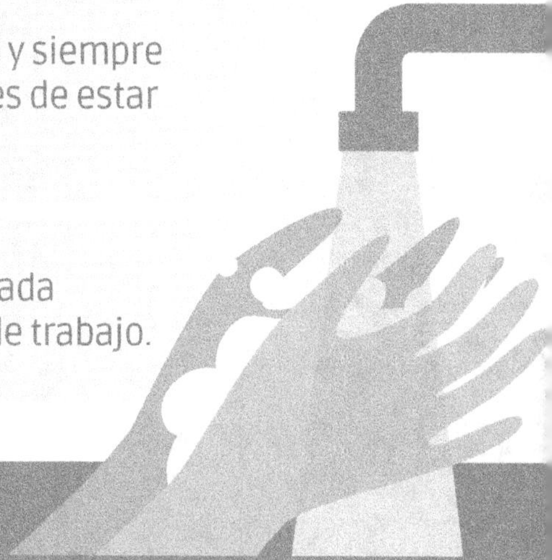

Glosario

Glosario

ACCIDENTE DE TRABAJO

Suceso no deseado que provoca la muerte, efectos negativos para la salud, lesión, daño u otra pérdida.

Toda lesión corporal que una persona sufre con ocasión o por consecuencia del trabajo que ejecute por cuenta ajena.

ACCIDENTES *IN ITINERE*

Es el accidente que se produce cuando una persona se dirige desde casa al trabajo o desde el trabajo a casa por el trayecto habitual.

ACCIDENTES *IN MISIO*

Es el accidente sufrido por una persona en el trayecto que tenga que realizar para el cumplimiento de su trabajo, dentro de su jornada laboral.

CARGA DE TRABAJO

Conjunto de exigencias psíquicas y físicas de un puesto de trabajo. Es decir, al conjunto de requerimientos psicofísicos a los que se ve sometida la persona a lo largo de su jornada laboral.

COMITÉ DE EMPRESA

Es el órgano representativo y colegiado del conjunto de personas trabajadoras en una empresa o un centro de trabajo para la defensa de sus intereses, constituyéndose en cada centro de trabajo cuyo censo sea de 50 o más personas.

CONTINGENCIA PROFESIONAL

Es aquella situación de necesidad, originada en el ambiente laboral y que se clasifica como accidente laboral o enfermedad profesional y que da origen a las prestaciones contempladas en el régimen correspondiente de la Seguridad Social.

DELEGACIÓN DE PREVENCIÓN

Representante del personal con funciones específicas en materia de prevención de riesgos en el trabajo.

DELEGACIÓN DE PERSONAL

Es el representante del personal en las empresas o centros de trabajo de menos de 50 personas trabajadoras. Sus competencias en materia de prevención son las mismas que tiene el comité de empresa.

DESEMPEÑO

Resultados medibles del sistema de gestión de la seguridad y la salud en el trabajo, relativos al control por parte de una organización de sus riesgos, basados en su política y objetivos.

EMERGENCIA

Aquella situación que es lo suficientemente grave como para ocasionar daños a personas, a las instalaciones, bienes y al medio ambiente.

EVALUACIÓN DE LA EXPOSICIÓN

Es el cálculo de las concentraciones o dosis a las cuales están o van a estar expuestas las poblaciones humanas o los compartimentos del medio ambiente, resultado de la determinación de las emisiones, vías de transferencia y tasas de movimiento de una sustancia y de su transformación o degradación.

FACTOR DE RIESGO

Es una característica del trabajo, que puede incrementar la posibilidad de que se produzcan accidentes o afecciones para la salud de las personas.

INSPECCIÓN DE SEGURIDAD

Actividad encaminada a la medición, examen, ensayo o contrastación con un patrón de una o varias características del sistema de prevención de riesgos laborales (PRL) de la organización y a comparar los resultados con requisitos especificados, a fin de determinar si la conformidad se obtiene para cada una de estas características.

INSPECCIÓN DE TRABAJO Y SEGURIDAD SOCIAL (ITSS)

Es la organización administrativa responsable del servicio público de control y vigilancia del cumplimiento de las normas de orden social que incluye los servicios de exigencia de las responsabilidades administrativas pertinentes en que puedan incurrir empresas y trabajadores así como el asesoramiento e información a los mismos en materia laboral y de seguridad social.

NORMA DE TRABAJO

Directriz que ha de seguir la persona trabajadora, en general o en situaciones concretas, con vistas a minimizar los riesgos.

PREVENCIÓN

Conjunto de actividades o medidas adoptadas o previstas en todas las fases de actividad de la organización con el fin de evitar o disminuir los riesgos derivados del trabajo.

PROCEDIMIENTO DE TRABAJO

Secuencia de las operaciones a desarrollar para realizar un determinado trabajo, con inclusión de los medios materiales (de trabajo o de protección) y humanos (cualificación o formación del personal) necesarios para llevarlo a cabo.

PROCESO

Conjunto de actividades estructuradas, medibles, y ordenadas de forma progresiva que generan una serie de cambios graduales para obtener un determinado producto o servicio, para clientela intermedia o final.

PROMOCIÓN DE LA SALUD

Actividad divulgativa que pretende la implantación de una cultura preventiva en el ámbito de la sanidad laboral con el fin de contribuir a la mejora de la seguridad y salubridad de las relaciones laborales.

SALUD LABORAL

Estado completo de bienestar físico, psíquico y social y no solo como ausencia de enfermedad en las personas como consecuencia de la protección frente al riesgo de accidente laboral.

SEGURIDAD LABORAL

Es el conjunto de técnicas de prevención que, aplicadas a los procesos productivos y a las máquinas e instalaciones que en los mismos intervienen, tienden a evitar y, en su caso, eliminar o minimizar los riesgos que pueden conducir a la materialización de accidentes de trabajo, controlando las consecuencias de los mismos y empleando un método racional de identificación de las causas que pudieran ocasionar dichos accidentes.

PERSONAL AUTORIZADO

Persona, de entre toda la plantilla, que ha sido autorizada por la empresa para realizar determinados trabajos, en base a su capacidad para hacerlos de forma correcta, según los procedimientos establecidos en un trabajo.